P2P Kredite für Anfänger

Wie Sie erfolgreich in P2P Kredite investieren und welche Fehler Sie vermeiden sollten

Tim Sehl

Inhaltsverzeichnis

Was sind P2P-Kredite 1

Wie funktionieren P2P-Kredite.. 9

Wer nimmt P2P-Kredite in Anspruch 18

Wie wird der Kreditnehmer geprüft.................................... 24

Wer investiert in P2P-Kredite 31

Wie sicher sind P2P-Kredite 37

Warum sollte man in P2P-Kredite investieren..................... 45

Wie investiert man erfolgreich in P2P-Kredite.................... 49

Welche Fehler sollte man vermeiden................................... 58

Fazit.. 61

Investieren in P2P-Kredite: Wie Sie erfolgreich in P2P Kredite investieren und welche Fehler Sie vermeiden sollten

P2P-Kredite sind ein interessantes Phänomen in der heutigen Zeit. Menschen leihen anderen Menschen Geld und bekommen eine monatliche Rückzahlung. Jeder kann damit in einem gewissen Sinn zu seiner eigenen Bank werden. Das hat viele Vorteile, bringt aber auch einige Nachteile.

Die Form der P2P-Kredite ist jedoch weder neu, noch kann ihr Erscheinen wirklich überraschen. Viele, die darüber nachdenken, in dieses System zu investieren, stellen sich natürlich einige Fragen. Die erste Frage lautet wahrscheinlich immer, was sind P2P-Kredite eigentlich? Fängt man an, sich damit etwas mehr zu befassen, entdeckt man die Antwort auf diese Frage recht schnell. Wie es jedoch mit vielen Fragen ist, wirft deren Antwort meist wieder neue Fragen auf. Man möchte wissen, wie diese Kreditform funktioniert. Wie sicher sind P2P-Kredite? Warum sollte man in sie investieren? Wie investiert man erfolgreich und welche Fehler gilt es zu vermeiden?

Um diesen Fragen auf den Grund zu gehen, muss man das gesamte System P2P-Kredit verstehen. Das heißt, als Investor sollte man auch wissen, wer solche Kredite in Anspruch nimmt und wie der Geldentleiher geprüft wird und wie sehr man sich auf diese Prüfung verlassen kann.

Dieses Buch gibt Antworten auf diese Fragen und Tipps und Anregungen dazu, wie man bei der Investition in P2P-Kredite am besten vorgeht. Egal, aus welchen Gründen man sich für eine Investition in diese Kreditform interessiert, am Ende will man sein Geld zumindest wiedersehen oder noch besser, Geld damit verdienen. Geht man dabei richtig vor, kann man sich zurücklehnen und seinem Geld bei der Vermehrung zusehen. Geht man jedoch falsch dabei vor, kann man sich ebenso schnell von seinem Geld verabschieden.

Da die Gründe, in diese Kreditform anzulegen, ebenso verschieden sind, wie die Gründe, sie in Anspruch zu nehmen, lohnt es sich, auch mal die Investoren unter die Lupe zu nehmen. Je nach Anlegertyp gibt es verschiedene Vorgehensweisen, um erfolgreich zu sein oder zumindest die Pleite zu vermeiden. Eines sei gleich einmal vorneweg angemerkt: Nicht jeder investiert in P2P-Kredite, um damit Profit zu erwirtschaften. Oftmals sind die Motive ganz einfach darin zu finden, dass man jemandem helfen möchte. Für diese Menschen liegt der Erfolg oder der Profit darin, dass jemand anders sein Geschäft erfolgreich eröffnen kann oder genug Geld zum Beispiel für sein Mobiliar hat.

Das Internet wird damit einmal mehr ein Ort, wo man seine ganz eigenen Möglichkeiten finden kann, erfolgreich zu sein. Wie so oft verbergen sich hinter diesen Möglichkeiten nicht immer nur Chancen, sondern auch Gefahren. Darum sollte man, bevor man sich auf eine solche Investition in P2P-Kredite einlässt, nur allzu klar darüber sein, was alles auf einen zukommt oder zukommen kann. Der Erfolg liegt darin, vorbereitet zu sein und mit offenen Augen vorzugehen. Man kann Überraschungen, oftmals auch unangenehme, nicht einhundertprozentig ausschließen, doch man kann sie eingrenzen. Dass gilt ebenso für die Anzahl als auch die Auswirkungen dieser Überraschungen. Der Schlüssel dazu ist das eigene Wissen und dessen flexible Anwendung. Daher folgt hier ein kleiner Guide für P2P-Kredite.

Was sind P2P-Kredite

W as verbirgt sich hinter dem Kürzel P2P? Die Abkürzung kommt aus dem Englischen und kann am besten als peer-to-peer verstanden werden. Man kann es auch als private-to-private lesen oder auf Deutsch als privat-zu-privat ausschreiben. Das erklärt diese Art der Kredite am besten. Peer-to-peer- oder privat-zu-privat-Kredite sind Kredite, die Privatpersonen anderen Privatpersonen leihen. Das Geld wird also nicht von einer Bank verliehen, sondern von ganz normalen Privatpersonen. Geliehen wird es ebenso ganz einfach von Privatpersonen, aber auch oftmals von Geschäftsleuten, besonders von Start-ups. Manchmal geht das Verleihgeschäft direkt, also wirklich von privat-zu-privat vonstatten, manchmal werden Banken dazwischengeschaltet, um sowohl die Bearbeitung als auch die Rechtslage zu vereinfachen.

Wie aber sieht es mit den P2P-Krediten aus, sind sie wirklich eine so neue Form? Wie so vieles im Internet ist auch das System der P2P-Kredite nicht wirklich neu. So wie Ebay den guten alten Markt nachbaut und in einem größeren Rahmen wiederaufleben lässt, so wie Online-Dating-Agenturen den alten Heiratsvermittlern zu neuem Glanz verhilft, so wiederholen auch P2P-Kredite ein in Wahrheit sehr altes System.

Die Welt der Finanzen heute unterscheidet sich von der Welt der Finanzen von vor hunderten von Jahren weit weniger, als sich das Otto-Normalverbraucher vorstellt. Schon Adam Smith beschrieb in seinem Buch über den „Wohlstand der Nationen" genau die schlechten Praktiken, die Banken heute nahe an den Abgrund oder darüber hinaus bringen. Ebenso verhält es sich mit allen anderen Regeln der Finanzwelt. Was sich geändert hat, das sind die Wege, in denen die Geschäfte abgewickelt werden. Zuerst das Telefon, dann die Computer und Faxe und schlussendlich das Internet haben die Prozesse beschleunigt, doch die Regeln, nach denen die Geschäfte ablaufen, die Regeln des Marktes, haben sich nicht geändert. Das liegt daran, dass die zwei wichtigsten Grundlagen noch immer ihre Geltung haben. Die erste ist das Geld an sich. Wie zuvor, so besitzt das Geld auch heute einen schwankenden Wert. Die andere sind die Regeln des Geldverdienens.

Der Wert des Geldes sieht auf den ersten Blick so konstant aus. So sind 10 € heute, immer noch 10 € morgen. Was so einfach erscheint, ist es aber im Grunde nicht. Der Wert der 10 € schwankt nämlich erheblich. Man kann den Wert von Geld in verschiedenen Wegen messen. Ein Weg ist es, die 10 € mit den Währungen anderer Länder zu vergleichen. Tut man dies, wird man schnell feststellen, dass der Wert des Euro zum Beispiel im Verhältnis zum Dollar sinkt. War der Umtauschwert im Jahre 2011 noch leicht bei $1,40 für einen Euro, so konnte man sich Ende 2016 schon freuen, wenn man noch $1,10 pro Euro bekam.

Ist dieser Unterschied für jemanden wichtig, der nur im eigenen Land bleibt? Ja, auch dies ebenso wie früher. Ein Großteil der Waren heutzutage, aber auch viele Waren früher, sind und waren importiert. Importierte Waren müssen in der Währung bezahlt werden, in der sie hergestellt werden. Bezahlt man also ein Telefon in Deutschland in Euro, das der Händler in einem anderen Land in Dollar gekauft hat, so steigt der Preis dieses Telefons schon allein deswegen, weil der Euro weniger Dollar bringt.

Damit nicht genug, so sinkt der Wert einer Währung auch im eigenen Land. Das nennt man Inflation. Jedes Jahr teilen uns die Wächter der Inflation mit, um wie viel Prozent alles teurer geworden ist. Dabei fühlen viele Leute, dass diese Zahl nicht wirklich stimmen kann, denn vergleicht man einen heutigen Einkaufskorb mit dem von vor 10 Jahren, dann wird man sehen, dass für 100 € heute einfach weniger Waren gekauft werden können als früher. Der Wert des Geldes steht also nicht fest, denn was wir damit kaufen können, wird mal weniger, mal mehr, aber meistens einfach nur weniger.

Was ist die Konsequenz? Die Konsequenz ist das Verdienen des Geldes. Dieses muss sich ändern. Zum ersten muss die eigene Arbeit eine stetig steigende Geldsumme einbringen. Das nennt man dann eine Lohnerhöhung. Damit nicht genug, es muss auch das Geld arbeiten. Wer eine Geldsumme daheim oder auf dem Bankkonto hat, muss diese Geldsumme entweder nutzen, um damit Geld zu machen oder akzeptieren, dass die Kaufkraft und damit der Wert des Geldes langsam aber beständig abnimmt.

Dieses eiserne Gesetz des Marktes hat die P2P-Kredite schon vor hunderten, ja schon vor tausenden, von Jahren hervorgebracht. Verdient man Geld mit der eigenen Arbeit, so sind einem Grenzen gesetzt. Hier muss man mit dem eigenen Verständnis ruhig sehr frei umgehen. Die eigene Arbeit kann so einfache Dinge wie das Nähen eines Kleides oder das Handwerk eines Bäckers beschreiben oder so umfangreiche Tätigkeiten wie das Führen eines eigenen Geschäftes beinhalten. Das Geschäft mag klein oder groß sein. Der eigene Beruf mag der eines Buchhalters, einer Putzkraft oder die Führungskraft eines großen Unternehmens sein. Der Möglichkeit Geld zu verdienen sind immer Grenzen gesetzt. Die Grenzen liegen einfach darin, dass ein Tag nur 24 Stunden hat. In dieser Zeit muss man seine Arbeit verrichten, essen, trinken, schlafen, Zeit mit der Familie verbringen und was sonst noch im eigenen Leben wichtig ist erledigen.

Hat man sein Tagwerk oder sein Monatswerk verrichtet und sein Geld erhalten, beginnt dessen Verfall. Die Inflation zehrt das Geld unerbittlich auf. Das einzige, was man dagegen tun kann, ist mehr davon zu verdienen. Wie aber verdient man mehr, wenn man die Grenzen seiner Leistungskraft erreicht hat?

Hunderte und tausende Jahre zuvor sahen sich die erfolgreichen Geschäftsleute genau diesem Problem ausgesetzt. Was konnten sie tun, um nicht ihr Geld einfach nur deswegen zu verlieren, weil sie es in der Truhe aufbewahrten? Sie konnten es nicht in das eigene Geschäft investieren, denn sie hatten die eigene Leistungsfähigkeit erreicht. Sie mussten den Betrieb führen und unter Kontrolle halten. Taten sie das nicht, würden ihre eigenen Angestellten nur allzu leicht etwas veruntreuen oder falsche Entscheidungen treffen. Wohin also mit dem Geld, wenn das eigene Geschäft die Leistungsgrenze erreicht hatte?

Dem erfolgreichen Erwerb der Geschäftsleute, die ihre Leistungsfähigkeit erreicht hatten, stand eine andere Personengruppe gegenüber. Dies waren die Gewitzten, die eine Idee hatten, aber kein Geld. Davon gab es mehr als genug. Sie waren noch weit von dem Erreichen ihrer Leistungsgrenzen entfernt. Da kam die Idee auf, dass die alte Garde, die mit dem Geld, aber ohne Leistungsreserven, das Geld den Jungen liehen. Die Jungen, die Neuen, die noch Zeit und Arbeitskraft zur Verfügung hatten, konnten ein Geschäft mit dem geliehenen Geld aufbauen und dann das Geld zurückzahlen. In Anerkennung des Risikos des Investors und als Dank zahlten sie das Geld mit Zinsen zurück. So ermöglichte es der alteingesessene Geschäftsmann dem Jungen auf dem Markt Fuß zu fassen und verdiente dabei an dessen Leistungsfähigkeit mit. Dies ist die erste Form des P2P-Kredites.

Natürlich entwickelte sich diese Geschäftsform wie so viele anderen auch. Kreditnehmer wollten anonym bleiben, Kreditgeber auch und letztere wollten sicher sein, dass sie ihr Geld zurückerhielten, am besten mit den vereinbarten Zinsen. Das brachte die professionellen Geldverleiher auf das Tapet. Diese verliehen nicht ihr eigenes Geld. Sie halfen nur dabei, dass sich Kreditnehmer und Kreditgeber fanden, ohne sich dabei persönlich zu treffen. Die Geldverleiher vermittelten nur dabei, ähnlich der Plattformen im Internet von heute. Die Geldverleiher prüften den Kreditnehmer auf dessen Bonität und schafften so ein Vertrauen bei dem Kreditgeber. Natürlich bekamen sie für ihren Aufwand eine kleine Gebühr. Sie halfen auch bei der Bestimmung der Zinsen. Diese richteten sich, wie auch heute noch, nach der Sicherheit des Kredites. Je sicherer die Rückzahlung war, desto niedriger waren die Zinsen. Je gefährlicher jedoch, das heißt, je wahrscheinlicher ein Zahlungsausfall war, desto höher waren die Zinsen.

Das Risiko eines Zahlungsausfalles trugen die Kreditgeber. Das war das Gute am Geschäft eines professionellen Geldverleihers. Er bekam seine Gebühr bei der Auszahlung des Kredites, er war also sicher. Dennoch waren die Geldverleiher sehr vorsichtig. Vermittelten sie zu viele schlechte Kredite, bekamen sie Schwierigkeiten dabei, neue Kreditgeber zu finden.

Die gute Entwicklung der Banken und der Gehälter bewirkte eine Veränderung des Kreditmarktes. Banken ermöglichten nun auch ein weitgehend unbeschwertes Abwickeln von Krediten. Höhere Gehälter bewirkten ein Auftreten von immer mehr Menschen als Geldgeber. Jeder, von der Putzkraft bis zum Manager, brachte sein Gehalt entweder zur Bank oder bekommt es heutzutage auf sein Bankkonto ausgezahlt. Damit wird er zum Geldgeber. Alle Otto-Normalverbraucher geben mit ihrem Bankkonto ihr Einkommen oder Sparguthaben zur Bank. Diese verleiht das Geld oder investiert es und erwirtschaftet damit einen Profit. Als Dankeschön zahlt die Bank dem Kontoinhaber einen Zins.

Jedermann tritt damit als der Kreditgeber von damals auf. Die Banken ersetzten die professionellen Geldverleiher. Die Kreditnehmer gehen zur Bank und verhandeln dort ihre Kredit- oder Investitionsformalitäten. Das Risiko trägt nun die Bank. Im alten System geschah das Verleihen des Geldes zwischen dem Kreditgeber und dem Kreditnehmer, der professionelle Geldverleiher in der Mitte trat nur als Mittler auf. Im Bankensystem hat der Kreditgeber einen Vertrag mit der Bank und der Kreditnehmer einen separaten Vertrag ebenfalls mit der Bank.

Das Bankensystem brachte viele Vorteile. Es verlagerte das Risiko vom Kreditgeber auf die Bank. Musste der Kreditgeber von damals dem Geldverleiher als Vermittler des Kredites vertrauen, hat die Bank nun das Risiko selbst. Das ist gut so, denn die Bank, nicht der Kreditgeber, kennt den Entleiher und prüft seine Bonität.

Im Bankensystem erspart sich der Kreditgeber ein langwieriges Verhandeln mit dem Kreditnehmer. Die Verhandlungen werden von der Bank geführt. Der Kreditgeber deponiert einfach sein Geld auf dem Konto. Das bringt den weiteren Vorteil, dass nun auch relativ kleine und kleinste Geldvermögen teilnehmen können, denn eine Bank vermittelt keine Kredite zwischen einzelnen Bankkonten und einzelnen Kreditnehmern. Vielmehr behandelt sie das Geld aller Konten zusammen als ihre Investitionsmasse. So erhalten auch kleinste Geldmengen eine Chance, am Finanzverkehr der Großen teilzunehmen. Jeder Euro, ähnlich einem Tropfen Wasser im Ozean, bildet dabei einen Teil einer sehr viel größeren Geldmenge.

Neben dem Vereinfachen der Prozesse des Geldgebens und Kreditnehmens und der Risikoverlagerung sollte das Banksystem noch einen weiteren Vorteil bringen. Es sollte ein stabiles System bilden. Die Stabilität kommt dabei von einem sehr einfachen Gedanken. Da die Bank das Risiko trägt, prüft sie jeden Kreditnehmer oder jede potentielle Investition sehr genau. Damit sichert sie ihr eigenes Überleben und damit einen gesunden Finanzmarkt. Dieser Gedanke hat jedoch einen kleinen Fehler.

Banken können nicht nur Geld verleihen oder investieren, sie *müssen* es tun. Warum? Weil sie das Geld auf den Konten Geld kostet. Jeder Euro auf dem Bankkonto bekommt Zinsen. Dabei handelt es sich um Millionen und Milliarden pro Bank und pro Jahr. Dieses Geld muss erstmal erwirtschaftet werden. Dazu kommen die Kosten für den Betrieb der Bank und natürlich der nötige Unternehmensgewinn. Die Bank muss also das Geld in Umlauf bringen und mit Zinsen zurückgezahlt bekommen. Das führt zu einer oder häufig auch mehreren, negativen Entwicklungen. Sind all die guten Kredite bedient, muss die Bank auch schlechte bedienen, um die gewünschten Einkommen zu erzielen. Dabei hoffen die Banken natürlich immer, dass alles gut geht. Dazu kommen andere, oft nicht so leicht verständliche Geschäfte und Anlagen. Darunter fallen die oft beschriebenen Hedgefonds. Man kann der Bank das mitunter kaum vorwerfen. Die vielen Konten und Spareinlagen müssen ja bedient werden.

Die Folge solcher Bankgeschäfte waren in den letzten 20 Jahren nur allzu deutlich zu erkennen. Einige Banken gingen Pleite, andere mussten von den Staaten gerettet werden. Oftmals wird den Staaten die Bankenrettung vorgeworfen. Allerdings wurden dabei aber auch massenhaft die Sparanlagen der kleinen Leute gerettet.

Bankenpleiten und Bankenrettungen haben das Vertrauen der Anleger jedoch erschüttert. Anstelle der nicht transparenten, komplizierten und unverantwortlichen Praktiken wollen viele wieder genau wissen, wem sie wie viel Geld aus welchen Gründen leihen. Das führt zur Rückkehr des alten Geldverleihers. Heutzutage gestattet das Internet, dieses Geschäft auf den entsprechenden Plattformen zu erledigen. Wie zuvor bleiben die Kreditnehmer gegenüber dem Kreditgeber weitestgehend anonym. Wie zuvor der Geldverleiher, so überprüft heute auch die Plattform die Bonität des Kreditnehmers. Wie zuvor, so trägt auch heute der Kreditgeber das Risiko eines Ausfalls des Kredites. Wie zuvor, so kann auch heute der Kreditnehmer erklären, wofür er das Geld braucht und wie er sich die Rückzahlung vorstellt. Es handelt sich also um ein altes System in einem neuen Gewand.

Wie funktionieren P2P-Kredite

P2P-Kredite können nach unterschiedlichen Modellen ablaufen. Die Modelle sind das der Familie und Freunde, das Crowdlending, der Marktplatz und die P2P-Kredite, die ein wenig von allem einfangen wollen.

Das Modell der Familie und Freunde baut auf sozialen Beziehungen auf. Es steht nicht so sehr das Streben nach Gewinn im Vordergrund, sondern der Gedanke, jemanden unter die Arme zu greifen. Oftmals kennen sich der oder die Kreditnehmer und Kreditgeber schon zuvor. Sie schalten nur jemand Drittes in die Mitte, um einander abzusichern. Dieser Dritte verfügt normalerweise über besondere Kompetenzen in diesem Bereich, das heißt, er oder sie kann beide Parteien beraten und bei Problemen der Schuldentilgung hilfreich eingreifen. Am einfachsten geht es dabei direkt über eine der Plattformen. Die Parteien kennen sich dann entweder schon wirklich persönlich, sie haben sich getroffen oder leben in der Nachbarschaft, oder sie sie haben sich in einem der sozialen Netzwerke kennengelernt. Üblicherweise geht einem solchen Geldverleih eine lange Beziehung oder eine lange Geschichte voraus.

Das Modell des Crowdlending ähnelt ein wenig dem Crowdfunding. Jemand hat eine Idee. Normalerweise bezieht sich diese Idee auf eine Möglichkeit, Geld zu verdienen. Dies können Start-ups oder andere gewerbliche Investitionen sein. Eine Gruppe von Personen stellt dann einer anderen Gruppe oder einer einzelnen Person das gewünschte Geld zur Verfügung. Wie bei jedem anderen Kredit wird dann das Geld entsprechend mit einer Verzinsung zurückgezahlt. Das Crowdlending kann dabei ebenso dem sozialen oder dem Gewinn-Aspekt folgen. Besonders günstige Kredite werden nicht als pure Gewinnabsicht gewährleistet. Spezielle Modelle des Crowdlending sind Microfinancing-Institute. Diese befinden sich überwiegend in Entwicklungsländern und beziehen ihre Geldmittel von Ländern in Europa oder Nordamerika. Das zur Verfügung gestellte Geld wird wieder zurückgezahlt, doch es erfolgen entweder keine oder nur sehr geringe Zinszahlungen.

Der Marktplatz dagegen schaut einzig auf den Gewinn. Hier erfolgt die Kreditvergabe oftmals nach dem Auktionsprinzip. Der Kreditwunsch wird eingestellt und die Kreditgeber können die gewünschten Zinsen bieten. Diese richten sich nach dem Risiko und den Gewinnmöglichkeiten. Der Kreditnehmer wird also dahingehend unter die Lupe genommen, wie sicher er das Geld zurückzahlen kann und welche Zinslast er maximal zu schultern in der Lage ist. Es geht also nicht darum, einen möglichst einfachen Kredit zur Unterstützung zu gewähren. Vielmehr soll der höchstmögliche Zinssatz und damit der höchstmögliche Gewinn erzielt werden. Diese Spielart kann sogar so weit gehen, dass der Kreditnehmer zum Spielball der Kreditgeber wird. Diese können dann nämlich nach Belieben die Kredite und damit die Rückzahlungsforderungen untereinander verkaufen.

Diese Modelle bilden die Extreme. Das Familien-und-Freunde-Modell richtet sich vor allem nach den sozialen Beziehungen. Das Crowdlending entspricht mehr dem Prinzip des Spendens. Während man sein Geld nicht wirklich direkt spendet, man bekommt es ja zurückgezahlt, so spendet man doch die Zinsbeträge, die man damit eben nicht erwirtschaften kann. Das Gleiche kann man vom Familien-und-Freunde-Modell sagen. Das Marktplatzmodell ist das genaue Gegenteil. Es kommt nicht auf Schicksale und Beziehungen an, sondern einzig und allein auf die finanzielle Leistungsfähigkeit.

Das System der P2P-Kredite von heute möchte genau in der Mitte stehen, um von allem etwas einzufangen. Es hat eine soziale Komponente. Jeder Kreditnehmer kann entscheiden, wie viel er von sich preisgibt. Er kann erklären, warum er das Geld leihen möchte. Er kann aufschlüsseln, wie viel jeder einzelne Posten in seinem Kreditwunsch kostet und so an die Leser appellieren. Es handelt sich zwar nicht direkt um ein soziales Netzwerk, doch man kann so als Kreditgeber eine gewisse Nähe zum potentiellen Kreditnehmer entwickeln. Dieses hilft letzterem auch, entsprechend Kreditgeber zu finden.

Einige Plattformen bieten Chatfunktionen, so dass man weitere Fragen stellen kann. Dies ermöglicht es, eine Familien und Freunde ähnliche Situation zu schaffen. Man verleiht sein Geld nicht einfach, man verleiht es an diesen speziellen Kreditnehmer, damit ihm in dessen besonderen Situation geholfen werden kann.

Die heutigen P2P-Kredite gleichen auch etwas dem Crowdlending. Das kommt vor allem in dessen Ähnlichkeit zu Spenden und Microfinance-Instituten zum Tragen. Einige Plattformen erlauben dabei zwei ganz wichtige Komponenten: Die erste Komponente ist das Verhandeln des Zinses zwischen dem Kreditnehmer und -geber. Der Kreditgeber kann also in einem bestimmten sozialen Fall seine Zinsen extra niedrig ansetzen. Daher verliert er zwar potentiellen Gewinn, hilft aber gleich einer Spende. Die zweite Komponente ist die geringe Summe. Microfinance-Institute bieten kleine Summen als Kredite. Einige P2P-Plattformen bieten Kredite von mindestens 250 €. Damit sind sie für Deutschland gesehen schon im Bereich der Kleinst- und Mikrokredite.

Auf der anderen Seite können die Kredite ganz hart nach Kriterien der Bonität ausgewählt und Zinsverhandlungen mit einem Auge auf den Gewinn geführt werden.

Je nach Gewinnabsicht sollte man für eine erfolgreiche Investition damit beginnen, die richtige Plattform für einen selbst auszuwählen. Will man Zinsverhandlungen selbst führen? Will man einfach nur maximalen Gewinn mit möglichst geringem Aufwand erzielen? Da nicht jede Plattform es gestattet, mit dem Kreditnehmer in Kontakt zu treten oder die Zinshöhen zu verhandeln, sollte man sich also erst selbst genau informieren, wo man was machen kann.

Ist die richtige Plattform ausgewählt, beginnt die eigene Registrierung. Als Kreditnehmer ist diese weit komplizierter als aus Kreditgebersicht. Das leuchtet auch leicht ein. Der Kreditnehmer muss seine Bonität gegenüber den potentiellen Kreditgebern glaubhaft machen. Als Kreditgeber ist das einfacher. Man gibt seinen Namen an, unterzieht sich unter Umständen einem Identitätsnachweis und richtet sein Konto ein. Der Identitätsnachweis ist vor allem dann ein wichtiges Moment, wenn man nicht innerhalb Deutschlands, sondern in andere Länder P2P-Kredite vergeben möchte.

Ist das Konto eingerichtet, kann das eigentliche Investieren beginnen. Man kann dabei individuell nach seinen Wünschen die Kredite aussuchen oder man sagt dem Computer, was man will, und lässt ihn für sich arbeiten. In beiden Fällen ist das Grundprinzip das Gleiche. Um es besser zu verdeutlichen sei das Prinzip immer gegenübergestellt zum Kreditnehmer erklärt.

Ein Kreditnehmer meldet sich an und wird erstmal auf seine Bonität überprüft. Beruhend auf dem Ergebnis dieser Überprüfung wird er in eine Risikoklasse eingeordnet. Je nach Plattform kann es sich dabei um vier bis sieben verschiedene Klassen handeln. Das Grundprinzip ist jedoch bei allen Plattformen gleich. Je höher das Risiko, desto schlechter die Risikoklasse. Ist die Risikoklasse schlecht, steigen die Zinsen. Diese sind auf einigen Plattformen nicht verhandelbar, doch auch auf den Plattformen mit Zinsverhandlungen ist der Zinsrahmen, innerhalb dessen verhandelt werden kann, für höhere Risikoklassen auch entsprechend höher.

Als Investor kann man anhand der Risikoklasse schnell ablesen, ob man auf eine schnelle und unkomplizierte Rückzahlung hoffen kann oder auch mal mit dem Ausfall eines riskanten Kredits rechnen muss.

Ist der potentielle Kreditnehmer eingestuft, kann er seinen Kreditwunsch angeben. Dabei steht es ihm frei, Informationen über sich für die Kreditgeber zugänglich zu machen. Als Faustregel kann man sagen, dass der Kreditwunsch mehr Erfolgsaussichten hat, je mehr Informationen er über das zu finanzierende Projekt bietet. Dies suggeriert Vertrauen beim Kreditgeber. Ist der Kreditwunsch entsprechend angegeben, wird er in Noten zu 25 € unterteilt.

Soweit vorbereitet, sind nun die Investoren an der Reihe. Wer einen höheren Zinssatz wünscht und das Risiko nicht scheut, kann bewusst nach den höheren Risikoklassen schauen. Wer mehr Wert auf Sicherheit legt, sollte nach den niedrigen Risikoklassen suchen. Welche Risikobereitschaft man auch hat, man kann bei der Anlage seines Geldes einen von zwei verschiedenen Wege beschreiten.

Der erste Weg ist für die, die den Banken und den Computern nicht so viel Vertrauen schenken und lieber genau wissen wollen, wo sich ihr Geld befindet und was es dort treibt. Diese Investoren können sich die einzelnen Kreditwünsche der Kreditnehmer selbst ansehen und genau durchlesen. Das hat den Vorteil, dass man dabei ein wenig die Glaubwürdigkeit des Kreditnehmers einschätzen kann. Dazu kann man sich auch eine eigene Meinung über dessen Risiko und die Einordnung in seine Risikoklasse bilden. Mit ein bisschen Glück findet man dabei jemanden in einer ganz hohen Risikoklasse mit richtig hohen Zinsen, der aber in Wahrheit recht vertrauenswürdig und solide in seinen Rückzahlungsfähigkeiten ist. Dank der Aufspaltung des Kreditwunsches in Noten zu 25 € kann man auch sehr individuell entscheiden, wie viel Geld man dem einzelnen Kreditwunsch zuerkennt. Je vertrauenswürdiger, desto mehr kann man in ihn investieren.

Der andere Weg ist für die, die einfach nur investieren wollen und sich nicht damit zu befassen wünschen, wem sie warum wie viel Geld geben. Für diese Investoren bieten die Plattformen einen sehr nützlichen Service. Unter dem Namen Portfoliobuilder oder Portfoliopilot verbergen sich Programme, die die Auswahl der Kredite ganz von allein vornehmen. Man gibt einige Kriterien ein, nach denen sie dabei vorgehen sollen. Unter anderem kann man so wählen, wie das Geld verteilt wird. Will man lieber wenige Kredite mit hoher Beteiligung oder lieber viele kleine Kredite. Dazu kommt natürlich die Summe, die man dem Programm für die Arbeit zur Verfügung stellt. Ganz wichtig, man sollte nicht vergessen, dem Programm die Risikoklasse der gewünschten Kredite vorzugeben. Sind die einzelnen

Kriterien vorgegeben, kann man dem Programm bei der Arbeit zusehen oder sich vor dem Fernseher zurücklehnen.

Sind die Kredite ausgewählt, werden diese auf der Plattform vorgemerkt. Es kann mitunter einige Tage dauern, bis sich genug Investoren für einen Kredit finden. Sind aber alle Noten eines Kredites bedient, so wird der Betrag entweder von den Investoren an die Plattform überwiesen oder von ihren Konten abgebucht. Wichtig ist, dass man das Geld nie direkt an den Kreditnehmer überweist. Dieser bekommt die ganze Summe in einer Zahlung von der Plattform, ohne die einzelne Herkunft des Geldes zu erfahren. Bevor der Kreditnehmer das Geld jedoch ausgezahlt bekommt, muss er den Kreditvertrag unterschreiben. Ist der Papierkram erledigt, erfolgt die Überweisung. Meistens wird bei dieser Überweisung auch gleich der Betrag einbehalten, den die Plattform für ihre Vermittlungstätigkeit verlangt.

Oftmals wird der Kreditvertrag nicht zwischen dem Kreditnehmer und der Plattform, sondern zwischen ihm und einer Partnerbank der Plattform unterschrieben. Das hat wiederum zwei Vorteile.

Der erste Vorteil ist die rechtliche Absicherung der Kreditgeber. Während in Deutschland grundsätzlich die Vertragsfreiheit gilt, was auch die Freiheit der Vergabe von Krediten beinhaltet, so ist doch die gewerbsmäßige Kreditvergabe streng geregelt. Für diese braucht der Kreditgeber eine spezielle Lizenz. Die Bank enthebt den privaten Anleger dieser Verantwortung, denn er legt das Geld nur an, während die Bank es gewerbsmäßig verleiht und dafür natürlich alle Lizenzen besitzt.

Der zweite Vorteil tritt ein, wenn die Rückzahlung einmal nicht wie erwartet erfolgt. Eine Bank hat natürlich bessere Chancen, das Geld einzutreiben, als eine Privatperson. Man kann sich also zurücklehnen und entspannen.

Hat man als Investor das Geld überwiesen und wurde das Geld entsprechend an den Kreditnehmer nach Vertragsunterzeichnung ausgezahlt, beginnt der Rückzahlungszyklus. Jeden Monat überweist der Kreditnehmer einen vereinbarten Betrag an die Partnerbank oder die Plattform. Je nach Menge der Investoren in den Kredit und der eingekauften Noten wird die Rate aufgespalten. Jeder Investor erhält so monatlich einen kleinen Betrag seines Kredites plus die dazugehörigen Zinsen auf sein Konto.

Die Zinsangaben auf den Plattformen beziehen sich auf ein Jahr. Dies kann natürlich ein wenig zu Verwirrung führen, sollte einmal ein Kredit schneller als geplant abgelöst werden. Viele Plattformen bieten diese Möglichkeit unentgeltlich. Das kann je nach Plattform und Vertrag dazu führen, dass man zwar das Geld schneller als erwartet zurückerhält, dabei aber gleichzeitig der Zinsen verlustig geht.

Insgesamt gesehen handelt es sich also um ein sehr einfaches System. Der Kreditwunsch eines Kreditnehmers wird in 25 € Noten aufgeteilt, von denen man sich beliebig viele, von nur einer bis zur vollen Kreditsumme, einkaufen kann. Haben alle Noten eines Kredites einen Kreditgeber gefunden, wird die Summe an die Plattform oder Partnerbank gezahlt. Diese erstellt einen Kreditvertrag mit dem Kreditnehmer und zahlt ihm die Summe aus. Dabei geht kein Geld von dem Kreditgeber direkt an den Kreditnehmer. Bei der Auszahlung der Kreditsumme behält die Plattform die Vermittlungssumme ein. Nach der Auszahlung beginnt der Rückzahlungszyklus. Auch hier wird kein Geld direkt von dem Kreditnehmer an den -geber gezahlt, sondern alles wird über die Partnerbank oder Plattform abgewickelt. Eine Partnerbank ist von Vorteil, denn sie hat die Lizenz zum gewerblichen Geldverleih und hilft bei der Eintreibung des Geldes im Falle eines Zahlungsverzuges oder -ausfalls. Als Kreditgeber kann man sich die Kreditnehmer selbst aussuchen oder von einem Programm aussuchen lassen. Je nach Gewinnstreben und Risikolaune kann man dabei riskante und hochverzinste oder geringverzinsliche und sichere Kredite auswählen. Je nach Plattform kann man dabei sogar noch selbst Verhandlungen über die Höhe der Zinsen führen.

Wer nimmt P2P-Kredite in Anspruch

Will man in eine Anlage investieren, dann will man sein Geld auch wiedersehen. Am besten kommt es mit einer Portion Gewinn zu einem zurück. Daher ist es auch wichtig zu verstehen, wer solche P2P-Kredite in Anspruch nimmt. Die erste Idee ist meist, dass die Kreditnehmer diejenigen mit einer geringen Bonität sind. Sie nehmen einen P2P-Kredit in Anspruch, weil sie eine Bank niemals akzeptieren würde. Wenn aber eine Bank sie ablehnt, warum sollte man als Investor ihnen vertrauen. In anderen Worten, sie sind eine sehr fragwürdige Anlage, der man am besten aus dem Weg geht. Das ist jedoch etwas kurz gedacht und sollte ein wenig mehr hinterfragt werden.

Will man die P2P-Kredite verstehen, muss man sich bewusst sein, dass sie noch recht neu in der heutigen Zeit, aber schon recht lange auf dieser Welt sind. Schon vor der Annexion des Kreditmarktes durch die Banken hat es den Geldverleih als Gewerbe recht erfolgreich gegeben. Nur weil man dazu wieder zurückkehrt, bedeutet es nicht, dass die Kreditnehmer weniger vertrauenswürdig sind.

P2P-Kredite und Banken verhalten sich in etwa wie der Autoverkauf von Privat zu Privat mit dem Autohaus. Warum kaufen so viele Leute das Auto von einem privaten Verkäufer? Sie wollen Geld sparen. Ein privater Verkäufer kann das auch ganz einfach. Er muss keinen Gewinn zur Finanzierung der Gewerbesteuern, des gewerblichen Grundstückes, der Gehälter und aller anderen Kosten machen, die ein Gewerbe mit sich bringen. Der private Autoverkäufer will nur etwas verdienen.

Die Kreditnehmer bei P2P-Krediten sind meist Privatbürger oder kleine Unternehmen. Sie wollen einen günstigen Kredit, den sie so günstig nicht bei einer Bank erhalten würden. Wie das Autohaus, so muss auch eine Bank Steuern entrichten, Häuser unterhalten, Gehälter zahlen und was noch alles dazu kommt. Eine Internetplattform dagegen lässt sich mit sehr viel geringerem Aufwand betreiben. Die Folge sind niedrigere Zinsen.

Wie bei dem Privatverkauf im Vergleich zum Autohaus, so geht man auch beim P2P-Kredit ein höheres Risiko im Vergleich zu einer Bank ein. Wer ein Auto kauft, hat Gewährleistungsansprüche gegenüber dem gewerblichen Händler, allgemein als Garantie bekannt. Ist das Auto nicht fahrtüchtig, wird es kostenlos repariert. Wer sein Geld auf eine Bank bringt und die Bank verleiht es, geht kaum ein Risiko ein. Zahlt der Kreditnehmer das Geld nicht zurück, so verliert nur die Bank Geld, nicht aber der Kontoinhaber. Bei einem P2P-Kredit jedoch verliert der private Kreditgeber sein Geld, wenn es zu einem Zahlungsausfall kommt. Daher sollte bei beiden Verfahren, dem privaten Autoverkauf und beim P2P-Kredit, derjenige, der sein Geld gibt, den anderen doch etwas kennen. Daher seien hier einige potentielle P2P-Kreditnehmer vorgestellt.

Einer der häufigsten Kreditnehmer ist die wirkliche Privatperson. Diese kann in den verschiedensten Gestalten auftreten. Es kann sich um den Junggesellen handeln, der einen neuen Computer braucht, um einen Studenten oder um ein junges Paar, das ein neues Leben beginnen möchte. Alle haben sie etwas gemeinsam. Sie sind jung.

Was bedeutet das? Heute genauso wie vor hunderten und tausenden von Jahren ist das Leben ein wenig ungerecht, wenn man die jungen Menschen mit der älteren Generation vergleicht. Der Unterschied ist zweierlei. Junge Menschen haben oft ein geringeres Einkommen als ihre Mütter und Väter oder ganz allgemein, die älteren Menschen. Der Grund dafür ist einfach. Die Jungen haben noch keine Erfahrung, haben vielleicht noch nicht einmal einen Job, wie womöglich das Beispiel des oben genannten Studenten. Keine Erfahrung bedeutet ein geringeres Gehalt. Mit dem Alter wächst die Erfahrung und dabei das Gehalt. Dem niedrigeren Gehalt steht der zweite Unterschied gegenüber. Ältere Menschen haben sich eingerichtet. Sie haben eine Wohnung, das Mobiliar, ein oder zwei Autos und brauchen nichts weiter anzuschaffen. Die Jungen dagegen müssen eine Wohnung finden, sie brauchen ein Auto, das sie erst noch kaufen müssen, und wollen sich in ihrem Leben einrichten. Ein Ausgleich ist der Kredit. Dieser erlaubt es den Jungen, das Geld jetzt zu haben und dann später zurückzubezahlen. Sieht so ein Kreditnehmer ohne Bonität aus? Eher nicht. Der Student, mit oder ohne Einkommen, wird einen guten Job bekommen und kann das Darlehen dann entsprechend bedienen. Er ist sogar so gut in seiner Bonität, dass die Banken spezielle Kredite, die sogenannten Studentenkredite, für ihn haben. Diese aber haben ein Problem, sie sind sehr, sehr teuer.

Während diese junge Generation also Kredite braucht und zurückzahlen kann, wird sie aber nur schwerlich einen bekommen, jedenfalls im Vergleich zur älteren Generation. Die Jungen haben noch kein jahrelanges, stabiles Gehalt vorzuweisen. Sie besitzen keine Häuser oder Autos, die sie als Sicherheit einsetzen können. Dabei steht ihnen die Welt doch offen. Sie haben entweder schon einen guten Beruf oder können bald einen finden. Der Junggeselle mit dem Wunsch nach einem Computer wird auch bei einem kleinen Gehalt in der Lage sein, einen Kredit zu verdienen. Er hat ja niemanden, um den er sich kümmern muss. Das junge Paar, das sich in seinem Leben einrichten will, hat zwei Personen, die zusammen mit Sicherheit genug Geld monatlich aufbringen können, um die Ratenzahlungen zu leisten. Wie also bekommt diese junge Generation die Kredite, die sie braucht?

Die Bank wird sie wegen zu geringer Bonität zurückweisen oder aber mit sehr hohen Zinsen belasten. Sie werden auch nicht auf mögliche Argumente hören. Banken haben ihre strengen Regeln, die die Verantwortlichen in den Kreditabteilungen befolgen müssen. Der Manager, der in der Bank über die Kreditvergabe entscheidet, kann eben nicht auf seine eigenen Gefühle und seine eigene Meinung hören. Er muss sich zuerst an die Politik der Bank halten. An ihn zu appellieren, ist also völlig nutzlos. An dieser Stelle bietet der P2P-Kredit ein gute Alternative. Es handelt sich bei dieser Gruppe überwiegend um zahlungskräftige Personen, die ihre Zahlungskraft jedoch nicht langwierig beweisen oder mit Sicherheiten untermauern können, denn ihr Leben liegt noch vor ihnen.

Neben dieser Gruppe steht die Gruppe der Jungunternehmer. Sie haben eine Geschäftsidee. Die Idee ist mitunter sogar sehr gut. Eine Bank würde in sie investieren, doch sie verlangt einiges. Das „einiges" sind Sicherheiten, Einkommensnachweise und einen vollkommener, lückenloser und perfekter Geschäftsplan. Letzteren können viele Jungunternehmer einfach nicht liefern. Um einen solchen Plan zu erstellen, müssten sie Wirtschaft studiert haben. Dabei haben aber auch viele gute Ideen, ohne ein Wirtschaftsstudium abgeschlossen zu haben. Sie könnten zwar jemanden dafür bezahlen, den Geschäftsplan zu schreiben, doch die Kosten dafür, jemand anderes einen solchen Plan erstellen zu lassen, können schnell in die Tausende gehen. Wie kann das ein Jungunternehmer mit beschränktem Einkommen stemmen? Gar nicht, insbesondere dann, wenn er all sein Geld für sein Unternehmen braucht. Hat ein Jungunternehmer einen langreichenden Einkommensnachweis? Das Wort „Jungunternehmer" sagt es schon, er ist jung. Damit ist die Antwort schlicht nein, denn er hat noch keine lange Erwerbsgeschichte. Niemand wird mit 15 Jahren Anwalt und kann dann mit 25 Jahren einen lückenlosen Lebenslauf ohne Berufspausen aufweisen.

Dann bleiben da eben noch die Sicherheiten. Wie so oft im Leben haben die jungen Leute aber noch kein eigenes Haus oder einen eigenen Betrieb oder Gold oder was auch immer als Sicherheit für die Bank. Wie also sollen sie da Geld bekommen? Auf den P2P-Plattformen können sie ihre Geschäftsidee allgemeinverständlich vorbringen. Sie können dort auch ohne Studium der Wirtschaft ihre Idee präsentieren. Man kann sich darin einlesen, vielleicht etwas recherchieren und vergleichen und dann als Kreditgeber die Erfolgsaussichten abschätzen. Da man als Kreditgeber die nötigen Mittel für eine Kreditvergabe hat, hat man wahrscheinlich auch genug Erfahrung, um die Idee der jungen Generation zu beurteilen.

Dann sind da natürlich noch die harten Fälle. Das sind diejenigen, die Schnellkredite brauchen und wahrscheinlich keine Schufa-Auskunft überstehen. Entweder haben sie schon einmal einen Kredit nicht bedient oder es liegt ein schwebendes Verfahren gegen sie vor. Solche potentiellen Kreditnehmer werden von den Plattformen herausgepickt. Je nach Plattform verschieden wird dann unterschiedlich mit ihnen umgegangen. Manche lehnen sie rundweg ab, andere laden sie zu einem Gespräch ein und versuchen festzustellen, wo denn das Problem liegt. Manche geben ihnen eine Chance, doch sie versehen sie mit einer entsprechenden Warnung. So kann der Kreditgeber ganz allein über sein Risiko entscheiden.

Es bleibt jedoch festzustellen, dass auch die Plattformen mit P2P-Krediten, ähnlich den Banken, Bonitätsüberprüfungen vornehmen. Während sie vielleicht nicht so genau und streng wie die klassischen Banken sind, haben sie dennoch einen gewichtigen Grund, potentielle Nicht-Bezahler auszusieben. Wie schon die professionellen Geldverleiher der alten Tage, so können es sich die P2P-Plattformen nicht leisten, dass viele Anleger ihr Geld verlieren. Ist der Ruf einer Plattform erst einmal ruiniert, dann kann sie ihr Geschäft nur noch schließen. Das gilt heute nur umso mehr, denn in der Zeit der sozialen Netzwerke und Internetnachrichten reisen die Neuigkeiten über schlechten Service, vor allem wenn es sich um viele Betroffene und viel Geld handelt, sehr schnell. Bewertungsseiten und Foren würden noch ihr übriges tun. Man braucht jedoch nicht so weit denken. Wie gezeigt, so handelt es sich doch bei den meisten Kreditnehmern im P2P-Spielfeld um ganz normale Verbraucher, die einfach aufgrund natürlicher Umstände keinen Kredit bei einer normalen Bank bekommen. Während die Banken ihre strengen Regeln haben und Einzelschicksale kaum Beachtung finden können, bieten die P2P-Plattformen ihnen einen neuen Rahmen. Hier können die Kreditgeber selbst Anteil an den Geschichten, Gründen und Hintergründen nehmen und ganz gezielt und informiert ihre eigenen Entscheidungen fällen.

Wie wird der Kreditnehmer geprüft

Die Prüfung der Kreditnehmer erfolgt von Plattform zu Plattform verschieden. Es lohnt sich daher, einen Blick in die Abteilung für Kreditnehmer zu werfen, bevor man sein Geld investieren möchte. Grundsätzlich ist festzustellen, dass je mehr die Plattform prüft, desto mehr kann man sich sicher sein, dass man sein Geld auch zurückbekommt.

Im schlimmsten Fall verlassen sich die Plattformen bei ihrer Prüfung fast ausschließlich auf die Angaben des Kreditnehmers. In anderen Worten, jemand sitzt in seinen eigenen vier Wänden und füllt einen Antrag am Computer aus. In diesem Antrag beschreibt er sich und seine Situation. Diese Beschreibung sollte ehrlich erfolgen. Wer aber vertraut einem „sollte ehrlich erfolgen"? Würden Sie einem solchen „sollte ehrlich erfolgen" Ihr Geld anvertrauen? Wahrscheinlich nicht, doch einige Plattformen verleiten ihre Kreditgeber dazu. Auf diesen Plattformen wird der Kreditnehmer dazu angehalten, ehrlich zu sein. Dazu erfolgt auch eine Anfrage bei der Schufa. Das klingt gut und vertrauenerweckend, doch man sollte genauer hinschauen und vor allem den Wortlaut analysieren.

Den Anfang machen die eigenen Angaben. Jeder Kreditnehmer bleibt seinen potentiellen Kreditgebern gegenüber anonym, aber nicht der Plattform. Der Plattform gegenüber gibt er seinen Namen an. Dies geschieht aber manchmal unter einem „sollte ehrlich erfolgen". Was hält einen solchen Kreditnehmer davon ab, falsche Angaben zu machen? Normalerweise die Kontrolle, doch die fällt auf manchen

Plattformen nur in sehr ausgewählten Fällen an. In allen anderen Fällen verlässt sich die Plattform auf die Ehrlichkeit der Antragsteller.

Ist der, womöglich falsche, Name angegeben, dann kommen Fragen über die eigene finanzielle Leistungsfähigkeit. Das beinhaltet Berufsstatus und Einkommen und womöglich die Vorstellungen über das zukünftige Verdienen. Das klingt doch vertrauenswürdig. Besonders da die Antragsteller dabei ehrlich vorgehen sollten.

Die Plattform beginnt dann mit ihrer Arbeit. Der, hoffentlich ehrlich angegebene, Name wird der Schufa nebst Anfrage über dessen Kreditwürdigkeit zugeleitet. Die Schufa kann nun ihren Kommentar dazu abgeben. Ist dieser Kommentar aber relevant? Nach den eigenen Angaben der Plattformen können auch Kreditnehmer mit einer negativen Schufa-Auskunft einen Kredit beantragen. Der Gedanke ist dabei, dass der Kreditgeber selbst entscheidet, wem er sein Geld leiht.

Dann sind da noch die ganz harten Fälle. Das sind die Kreditnehmer, gegen die ein Titel vorliegt, die offiziell zahlungsunfähig sind oder gegen die ein Haftbefehl vorliegt. Diese „sollten" keine Kreditanfrage stellen. Ebenso werden potentielle Kreditnehmer darauf hingewiesen, dass ihr Einkommen hoch genug sein „sollte", dass es eine Rückzahlung ermöglicht.

Spielt man sich das ganze Szenario einmal durch, dann kann alles gut gehen, es kann aber auch furchtbar schieflaufen. Daher nochmal, wenn man auf eine P2P-Plattform geht, um Geld zu verleihen, dann sollte man auch in die Unterseiten der Kreditnehmer schauen und sich ein Bild davon machen, wie diese überprüft werden.

Neben den Plattformen mit dem großen „sollte" gibt es aber auch die Plattformen mit dem großen Sicherheitscheck. Damit genügen sie

zwei Anforderungen, der Anforderung der Sicherheit und des guten
Service gegenüber ihren Kunden und der Anforderung des Gesetzes,
Geldwäsche zu verhindern. Die Geldwäscheparagraphen greifen zwar
nur bei höheren Summen, doch es schadet nichts, auch bei kleineren
Krediten genauer zu schauen.

Alle Plattformen beginnen mit dem gleichen ersten Schritt. Der
zukünftige Kreditnehmer füllt online ein Formular aus und gibt damit
seinen Kreditwunsch bekannt. Nachdem dieser kalkuliert wurde,
werden ihm die Raten und mitunter die Erfolgswahrscheinlichkeit
genannt. Dann kann er diesen zustimmen oder ablehnen und es
woanders versuchen. Stimmt er den Raten zu, kann er nun bei den
„sollte"-Plattformen sein Kreditprojekt den Investoren vorstellen. Er
wird vielleicht irgendwann ein wenig mehr unter die Lupe genommen,
nach dem Stichprobenprinzip oder er kann alles einfach online
abwickeln. Im Falle einer erfolgreichen Kreditvermittlung jedoch wird
ihm eine E-Mail geschickt, in der er alle Angaben in einem Formular
erhält. Dieses druckt er aus und unterschreibt es. Danach schickt er
es per Post an das Büro der Plattform. Das ist der „sollte"-Fall. Wer
einen falschen Namen angab, kann auch mit einem falschen Namen
unterzeichnen.

Die Plattformen mit dem großen Sicherheitscheck gehen nach
dem Akzeptieren der Raten einen anderen Weg. Bis zum Akzeptieren
kann der Kreditnehmer einfach seine Angaben machen. Nach dem
Akzeptieren und bevor er wirklich sein Projekt auf die Plattformen
stellen kann, muss er sich erst einmal beweisen. Das beginnt damit,
dass er ein Bild seines Personalausweises mit der Vorder- und der
Rückseite zur Plattform schickt. Dies verringert die Chancen einer

falschen Angabe des Namens oder Wohnortes.

Neben dem Personalausweis muss der potentielle Kreditnehmer auch seine Gehaltsabrechnung einscannen und zur Plattform senden. Es wird also zunehmend schwieriger, einen Betrug vorzunehmen. Dazu kommen auch noch die Kontoauszüge der letzten 30 Tage.

Kontoauszüge und Einkommen werden nicht nur zur Personalienfeststellung genutzt, sondern vor allem auch zur Feststellung der Bonität. Die Plattform überprüft also, ob der Antragsteller überhaupt in der Lage ist, den potentiellen Kredit zu bedienen. Die Prüfung erfolgt dabei jedoch nicht so streng wie die einer Bank. Auch Leute mit geringerer Bonität werden zugelassen. Die Plattform gibt ihnen nur eine höhere Risikoklasse und überlässt es dem Kreditgeber, zu entscheiden, ob er einem solchen Kreditnehmer vertrauen möchte. Selbst ein negativer Schufa-Eintrag muss nicht unbedingt zu einer Ablehnung des Kreditwunsches führen. Wie auf den „sollte"-Plattformen erfolgt eine Ablehnung nur dann rundweg, wenn gegen den Antragsteller ein Haftbefehl, ein Titel oder eine Insolvenz vorliegt.

Auch wenn das Kürzel P2P für privat-zu-privat steht, können oftmals auch Unternehmer hier einen Kredit für ihr Unternehmen bekommen. Gerade Unternehmer haben es oft schwer, die strengen Voraussetzungen der Banken zu erfüllen. Daher erfreuen sich P2P-Plattformen über immer mehr Zustrom von Gewerben. Es handelt sich dabei oft um Kleinbetriebe und um Kredite von unter 50.000 €.

Auch Gewerbetreibende „sollten" auf einigen Plattformen ihre Informationen ehrlich angeben und werden auf anderen Plattformen überprüft. Die Überprüfung erfolgt mal strenger, mal weniger streng.

Eine gute Überprüfung verlangt von einem Unternehmer viel mehr als von einer Privatperson.

Die verlangten Unterlagen für Unternehmer beginnen natürlich mit der Gewerbeanmeldung. Was der Personalausweis für die Person, das ist die Gewerbeanmeldung für das Unternehmen. Daher muss sie selbstverständlich eingescannt und zugesandt werden. Auch die Gehaltsabrechnung eines Arbeiters hat ihre Entsprechung in den Gewerben, dort aber in mehr als nur einem Dokument. Das beginnt mit den Geschäftskonten. Vorgelegt werden müssen die Auszüge der Geschäftskonten der vergangenen drei Monate. So lassen sich der aktuelle Finanzbestand und der aktuelle Geldeingang bestimmen.

Neben den Kontoauszügen muss auch der letzte Steuerbescheid vorgelegt werden. So lässt sich die finanzielle Gesundheit eines Unternehmens auch längerfristig feststellen. Dazu kommen eventuelle Steuerabschreibungsobjekte wie Immobilien und die Substanz des Betriebes. Hier macht eine gute Prüfung jedoch immer noch nicht halt. Verlangt wird auch die BWA des letzten Jahres und des aktuellen Geschäftsjahres. BWA steht für betriebswirtschaftliche Auswertung. Ähnlich einer Bilanz, so gibt auch die BWA über Geldeingang und Kosten Auskunft. Im Gegensatz zu einer Bilanz kann eine BWA für den aktuellen Zustand errechnet werden. Bilanzen dagegen brauchen einige Monate, sie kommen also mit einer Verspätung. Die Grundlage der BWA bildet die Finanzbuchhaltung. Die Plattformen gewinnen somit einen sozusagen intimen Einblick in das Unternehmen. Natürlich werden die Informationen nicht an die Kreditgeber weitergegeben. Sie werden zur Entscheidung herangezogen, ob der Kreditnehmer mit seinem Kreditwunsch zugelassen wird und welche Risikoklasse er besitzt. Dem Unternehmer steht es jedoch frei, diese Informationen zumindest teilweise auch dem Kreditgeber gegenüber vorzubringen.

Soweit kann man also feststellen, dass es einen gewaltigen Unterschied zwischen den Plattformen gibt. Während die einen sich fast ausschließlich auf die Ehrlichkeit des Antragstellers verlassen, wollen die anderen zumindest Bilder der Dokumente sehen.

Von den Unterschieden in den Plattformen abgesehen, bleibt jedoch eines festzustellen: Die Vermittlung der Kredite ist für die Plattformen ein Geschäft. Dieses Geschäft, anders als eine Bank, hat für die Plattform direkt praktisch kein Risiko. Eine Bank muss den Verlust bei ausgefallenen Krediten selbst tragen. Einen ausgefallenen Kredit auf einer P2P-Plattform trägt der Kreditgeber. Das ermöglicht den Plattformen ein sehr nachsichtiges Umgehen mit den Kreditnehmern. Schlimmer noch, jeder Kreditnehmer ist ein Investitionsobjekt. Je mehr davon auf der Plattform sind, desto besser. In anderen Worten, die Prüfung der Kreditnehmer erfolgt nicht mit dem Hintergedanken, diejenigen abzulehnen, die keine Kredite bedienen zu können, sondern möglichst viele Kreditnehmer und Kreditgeber zu gewinnen. Ohne Kreditnehmer gibt es auch keine Kreditgeber. Kreditnehmer mit einem höheren Risiko sind sogar höchst willkommen, denn sie ermöglichen eine höhere Zinsrate.

Behält man diese Umstände im Hinterkopf, dann überrascht auch nicht die Werbung der P2P-Plattformen. Sie beschreiben gerade auf ihren eigenen Seiten, wie sehr sich ein solcher Kredit gerade für Kreditnehmer mit geringer Bonität lohnt. Damit wird sogar auf die Personengruppen gezielt, die von Banken mit Sicherheit abgelehnt werden. Dies sind unter anderem Leiharbeiter, Arbeiter mit einem befristeten Arbeitsvertrag oder auch Personen in der Probezeit. All diese werden von Banken abgelehnt, weil nicht klar ist, wie viel und ob sie überhaupt etwas in der Zukunft zu zahlen in der Lage sind.

Wer also einen Kredit vergeben möchte, muss sich dessen immer bewusst sein. Die Prüfung der Kreditnehmer erfolgt mehr im Hinblick auf dessen Risikoeinstufung denn mit dem Gedanken, sie abzulehnen. Selbst Kreditnehmer mit negativer Schufa werden schon auf den Seiten beruhigt und ihnen wird erklärt, dass sie es gern einmal probieren sollen, einen Kredit zu bekommen. Die letztendliche Entscheidung trifft schließlich der Kreditgeber. Den kann man entsprechend mit einer guten Darstellung seiner Situation überzeugen.

Dass die Plattformen dabei die ganz harten Fälle, die Personen mit Titeln gegen sich oder Insolvenzen, ablehnen, versteht sich von selbst. Niemand würde in einen solchen Fall investieren. Wer aber genauer schaut, wird auf den Seiten extra Einladungen für sogenannte „schwierige Fälle" entdecken.

Als Investor trägt man das Risiko eines Zahlungsausfalles selbst. Daher ist es wichtig zu wissen, dass die Plattformen nicht nur sichere Kandidaten zulassen. In anderen Worten, als Investor sollte man sich nicht auf die Prüfung der Plattformen verlassen. Es gilt vielmehr, dass man seine eigene Bank sein muss. Man muss also selbst eine Prüfung der Kreditnehmer vornehmen. Das kann jedoch schwer werden, denn die Plattformen dürfen ihre Information über die Kreditnehmer nicht weitergeben. Die Kreditnehmer selbst bestimmen, wie viel sie dem Kreditgeber mitteilen. Für die Kreditgeber ist es also umso wichtiger, die Beschreibungen der Kreditwünsche genauestens zu lesen und daraufhin zu prüfen, ob etwas darin nicht stimmt. Wie bei den mitunter komplizierten Bankangeboten, so gilt auch hier, wer ein schlechtes Gefühl hat, sollte von einer Investition Abstand nehmen.

Wer investiert in P2P-Kredite

Ebenso unterschiedlich wie die Kreditnehmer sind die Kreditgeber. Die Grundidee der P2P-Kredite ist, dass sowohl die Kreditnehmer als auch die Kreditgeber Privatpersonen sind. Wie aber schon festgestellt, sind zumindest einige Kreditnehmer Start-up-Unternehmen, also nicht Privatpersonen, sondern Gewerbetreibende. Ebenso sind die Investoren neben Privatpersonen mitunter auch Unternehmen. Das Problem hierbei ist, dass weder die Plattformen noch das deutsche Recht dies gerne sieht.

Für das deutsche Recht liegt das Problem darin, dass das gewerbliche Geldverleihen lizenzpflichtig ist. Man möchte eine Übersicht über den Finanzmarkt behalten und gewisse Fehlentwicklungen, wie zum Beispiel Wucherzinsen oder Geldwäsche, vermeiden. Für die Plattformen liegt das Problem darin, dass sie sich strafbar machen, wenn sie solchen nicht-lizensierten gewerblich Geld verleihenden Unternehmen einen Kreditnehmer vermitteln. Daher werden die Kreditgeber und ihr Verhalten oft daraufhin überprüft, ob sich wirklich eine Privatperson hinter dem Account verbirgt.

Auch die Privatpersonen als Kreditgeber unterscheiden sich einer von dem anderen. Die Unterschiede liegen weniger in der Herkunft, sondern mehr in den Motiven und in der Vorgehensweise.

Grundsätzlich haben die Kreditgeber Geld. Sie kommen oft aus der Mittelschicht. Vermögendere Personen bevorzugen nach wie vor das klassische Bankgeschäft. Das macht für sie auch Sinn. Wer eine große Vermögensmasse auf P2P-Plattformen einbringen möchte, verzettelt sich allzu leicht und verliert den Überblick. In Banken hat man dafür einen entsprechenden Berater und man überlässt es ohnehin größtenteils der Bank, wie sie das Geld anlegt. Das bringt die Sicherheit, dass die Bank das Risiko eines Zahlungsausfalls trägt und der Anleger sich nicht wirklich um seine Anlagen kümmern muss. Wer in dieser Vermögensklasse dennoch gerne selbst anlegt, hält sich eher an den Aktienmarkt. Daher fällt diese Schicht aus der Betrachtung heraus.

Die unteren Einkommensschichten können zwar über die Zeit entsprechende Vermögen ansparen, doch diese werden oft in längerfristige Sparanlagen gesteckt. Damit vermeidet man für sich die Verwaltung des Geldes und das Risiko von Investitionen. Wer jahrelang auf sein kleines Vermögen spart, sieht es nicht gern mit einer schlechten Geldanlage verschwinden. Die Machenschaften der Banken in den letzten Jahren, die die Rettung durch den Staat nötig machte, hat das Vertrauen in die Banken nicht gerade gestärkt. Dass P2P-Kredite gar nichts mit den klassischen Banken zu tun haben, wird dabei oft übersehen und alles in einen Topf geschmissen. Daher fällt auch diese Schicht aus der Betrachtung.

Übrig bleibt nur noch die Mittelschicht. Diese hat oft genug Geld zur Verfügung, um Investitionen zu tätigen, aber nicht genug, um sich mit Gold, Immobilien oder Wertpapieren für immer selbstständig zu machen und von seinem Job zu verabschieden. In anderen Worten, die Mittelschicht übernimmt die Position der klassischen Kreditgeber von vor hunderten von Jahren. Sie erarbeiten sich ihr Geld mit ihrer eigenen Leistung und sehen es in der heutigen Zeit dank der Inflation langsam verschwinden. Dass die Bankzinsen derweil dank der niedrigen Leitzinsen auf einem Rekordtief sind, verstärkt nur die Motivation, etwas zu unternehmen.

Wie beim klassischen Kreditgeber, so ist auch bei der heutigen Mittelschicht die Arbeitsleistung ausgeschöpft. Entweder wollen oder können sie nicht mehr arbeiten, um mehr Geld zu erwirtschaften. Das lässt nur die Möglichkeit, das Geld selbst arbeiten zu lassen. Da die Sparanlagen fast nichts mehr bringen, müssen eben andere Wege her.

Es ist aber nicht nur das Rekordtief, das die Sparanlagen so unattraktiv macht. Es ist auch die Enttäuschung, die sie von den Banken erlebten. Anstatt die verantwortungsvollen, das Geld verwaltende Institute zu sein, entpuppten sie sich in den Augen besagter Mittelständler als geldgierige Raubtiere ohne Moral oder Beherrschung. Nun, wie gesagt, dieses Bild mag weder ganz trügen noch ganz der Wahrheit entsprechen. Wie dem auch sei, die Mittelständler mit Geld zum Investieren, aber nicht zum Verlieren, wollen etwas anderes. Sie wollen die Kontrolle über ihr Geld zurück. Anstatt also das Geld bei einer Bank abzugeben, die es dann im eigenen Sinne und nach eigenem Gutdünken einsetzt, wollen sie selbst bestimmen, wer es zu welchen Konditionen erhält. Diese Mittelständler wenden sich nun den P2P-Krediten zu.

Nach dem negativen Motiv, dem Unwillen das eigene Geld weiterhin der fraglichen Obhut einer Bank zu überlassen, haben diese Mittelständler vor allem positive Motive. So sehr das negative Motiv in vielem gleich sein mag, so unterschiedlich können die positiven Motive sein.

Einige der Investoren setzen ihr Geld für P2P-Kredite vor allem um der Zinsen willen ein. Die Zinsen der Banken sind niedrig.

Selbst für ein Festgeldkonto gibt es nicht mehr viel. Auf den P2P-Plattformen kann man jedoch mehr als 7, mitunter sogar mehr als 8 oder 9, Prozent pro Jahr bekommen. Das setzt ein wenig Risikofreude voraus, doch wer seine Noten kräftig streut, sollte einigermaßen sicher sein. Diese Investoren, denen es nur auf das Geld ankommt, unterscheiden sich noch einmal in die Sicherheitsbewussten und die ganz Unbekümmerten. Die Sicherheitsbewussten stöbern die verschiedenen Kreditanfragen durch, immer auf der Suche nach dem besonders vertrauenswürdigen Kreditnehmer. Dieser sollte am besten eine schlechte Risikoeinstufung haben, sich aber durch eine gute Beschreibung seines Bedarfes oder Projektes auszeichnen. Er hat wahrscheinlich einen Fehler beim Ausfüllen des Formulars gemacht und ist in eine schlechte Risikoklasse gerutscht. Dadurch kann man von ihm hohe Zinszahlungen bei gleichzeitig großer Rückzahlungssicherheit erwarten. Sie entwickeln dabei so etwas wie Jagdinstinkt. Die Suche nach dem richtigen Kreditnehmer wird zu einem Spiel, ähnlich einem Spiel auf dem Smartphone oder Computer, aber mit dem Unterschied, dass hier richtiges Geld erwirtschaftet wird. Sie ähneln dabei den Investoren, die in der Zeit des Aktienhypes mit dem Headset am heimischen Computer saßen, immer online waren und immer die neuesten Kurse im Blick hatten.

Die Unbekümmerten lassen schon nach wenigen Tagen den Portfoliobuilder die Arbeit erledigen. Sie mögen noch hin und wieder einmal seine Arbeit überprüfen, doch für sie ist eine P2P-Plattform im Grunde nur eine neue Form von Bank. Sie akzeptieren das höhere Risiko, dass sie selbst ihr Geld im Falle eines Zahlungsausfalles verlieren, im Gegenzug für eine höhere Rendite. Das Ganze ist eine simple Rechnung für sie.

Neben den zinsmotivierten Anlegern gibt es die moralisch motivierten Investoren. Diese erhalten ein positives Gefühl von dem Umstand, dass sie nicht einfach nur Geld investieren, sondern damit auch jemandem helfen. Auch sie stöbern möglichst oft die einzelnen Kreditwünsche durch. Sie lesen aufmerksam und sind immer auf der Suche nach dem besonderen Kreditnehmer. Anders als die nach Zinsen Strebenden, wollen die moralisch angetriebenen Investoren nicht den Kreditnehmer mit der höchsten Gewinnaussicht, sondern mit der emotionalsten Geschichte. Die geldgetriebenen Investoren suchen nach der sicheren Anlage mit hohen Zinsen. Die moralisch getriebenen Investoren suchen nach der einsamen Frau ohne Familie, die sich einer Operation unterziehen muss oder der alleinerziehenden Mutter, die ihrem Kind neue Schulbücher kaufen möchte. Es kommt auf die soziale Komponente an. Es wirkt fast wie ein soziales Netzwerk der Bedürftigen.

Zwischen diesen extremen Fällen bewegen sich die Gelegenheitsinvestoren. Sie stecken nur mal hin und wieder etwas Geld in die P2P-Plattformen. Weder sind sie einem hohen Gewinn gegenüber abgeneigt, noch zu hart gegenüber einer mitreißenden Geschichte. Sie streuen ihr Geld mal hier, mal da und bilden dabei interessanterweise die sicherste Gruppe in diesem Investitionssystem. Sie wollen nur etwas Neues ausprobieren. Die Motivation ist dabei auf dem ersten Blick komplex, doch im Grunde genommen simpel. Sie sind nicht von den Banken überzeugt, haben genug von den Geschichten über Schrottimmobilien und sind zu spät für den Goldmarkt. Auf den P2P-Plattformen können sie mit kleinem Geld anfangen und sich je nach Erfolg hocharbeiten. Sie können also mit dem Erfolg wachsen oder im schlimmsten Fall nur ein wenig Geld verlieren. Nach ihrer Einstellung verliert man mit einer Schrottimmobilie viel Geld, mit einem Schrottkredit aber nur wenig Geld. Es ist also das Neue gepaart mit dem doch geringen Verlust, sollte sich das Risiko doch mal materialisieren. Anstatt eines alles oder nichts folgen sie also nur der Gelegenheit und nur insofern, als dass sich Versprechungen bewahrheiten. Falls nicht, dann lassen sie ebenso schnell wieder ihre Finger davon. Diese Freiheit des Denkens, diese Flexibilität und die Abkehr vom Absoluten, sei es der absolute Gewinn oder die absolute Unterstützung eines anderen, macht ihre Vorgehensweise so sicher.

Wie sicher sind P2P-Kredite

Die Geschichte der Banken und der Geldverleiher hat drei klar bestimmte Kriterien hervorgebracht, die einen Kredit, wenn es daran mangelt, sicher machen oder eben nicht. Jeder Anwalt, jeder Banker und jeder erfahrene Geschäftsmann kann diese drei Kriterien herunterbeten. Anwälte lernen sie im Jurastudium, Banker in ihrem Bankstudium und Geschäftsmänner aufgrund ihrer Erfahrung. Doch was sind diese drei Kriterien und warum gerade diese und wie sind sie in P2P-Krediten zu finden?

Das erste Kriterium ist die Sicherheit. Ja, jeder weiß es, wenn man einen Bankkredit möchte und ein Haus zur Sicherheit einsetzen kann, ist man klar im Vorteil. Wie jeder Jurastudent und jeder Banker weiß, geht es dabei weniger um das Haus selbst. Banken wollen diese Häuser nicht. Sollte ein Kredit nicht bedient werden, beginnt nämlich eine lange und mühsame Reise.

Zuerst muss dem Kreditnehmer Zahlungsverzug nachgewiesen werden. Dann muss man ihm die Zahlungsunfähigkeit beweisen und das muss auch vor Gericht standhalten. Ja, die Bank muss vor Gericht gehen. Ist das Ganze dann geschafft, ist die Bank aber immer noch nicht im Besitz ihres Geldes. Dafür hat sie nun das Haus zugesprochen bekommen. Das Haus muss verkauft werden, was oft schwierig genug ist. Bis zum Verkauf des Hauses muss die Bank sich darum kümmern, was nur weitere Kosten verursacht. Nein, die Banken wollen wirklich nicht das Haus. Selbst wenn man all diese Belastungen ausblendet, ist es einer Bank im Zuge einer Zwangsversteigerung kaum möglich, den vollen Betrag des Kredites herauszubekommen. Falls sie ihn doch bekommt, gut. Bekommt sie mehr, muss sie dieses mehr an den Kreditnehmer auszahlen. Meistens bekommt sie jedoch weniger und muss dann wieder prozessieren. Diesmal geht es um die anderen Besitztümer des Kreditnehmers. Warum aber verlangen die Banken die Häuser als Sicherheit, wenn sie sie nicht wirklich wollen und sie ihnen sogar noch Kosten verursachen?

Die Antwort ist dreierlei. Erstens wollen sie beim Abschluss des Kredites dem Kreditnehmer den Ernst der Lage verdeutlichen. Niemand möchte seine eigenen vier Wände so mir nichts, dir nichts verlieren. Daher überlegen sie es sich zweimal, ob sie einen Kreditvertrag abschließen. Es geht also darum, dass der Kreditnehmer nur dann den Kredit abschließt, wenn er auch wirklich sicher ist, dass er ihn bedienen kann.

Zweitens wollen die Banken erreichen, dass ihr Kreditnehmer sich auch in schwierigen Lagen wirklich Mühe gibt, den Kredit zu bedienen. Anstatt sich also zurückzulehnen und einen „auf arm zu machen", soll der Kreditnehmer motiviert werden, das Geld irgendwie zu beschaffen. Dies kann durch einen neuen Job, den Verkauf von Eigentum oder dem Aufnehmen eines Kredites bei einer anderen Bank sein.

Der dritte Grund ist, dass die Bank im Falle des Falles vielleicht wirklich bei einer Zwangsversteigerung ihr Geld zurückbekommt. Darum wird normalerweise auch eine Sicherheit mit einem weit höheren Wert als die Kreditsumme verlangt.

Das zweite Kriterium sind Bürgen. Bürgen sind für die Bank nicht so sehr eine Motivation wie eine Sicherheit, sondern es geht mehr um die Verhinderung eines anderen, manchmal gern unternommenen Betruges. Man stelle sich das einmal anhand eines kleinen Beispiels vor. Da ist ein Anwalt, womöglich nicht mehr so jung. Besagter Anwalt ist sehr clever. Er findet einen fast legalen Weg, eine Menge Geld zu machen. Er ist vielleicht in seiner Praxis nicht so erfolgreich. Daher geht er zur Bank. Er leiht sich dort vielleicht 100.000 €. Als Anwalt ist man ja gern gesehen in einer Bank. Nun hat besagter Anwalt eine Frau. Er überschreibt seiner Frau das Geld und schließt seine Anwaltspraxis. Da diese ohnehin nicht so erfolgreich war, überrascht das niemanden. Als nächstes meldet er Insolvenz an. Dank der Bestimmungen für Insolvenzen in Deutschland kann er dann, nach einem Nachweis über seine Zahlungsunfähigkeit, bald wieder schuldenfrei sein. Dank geschlossener Anwaltspraxis ist er wirklich zahlungsunfähig. Dank seiner Frau ist er jedoch nicht arm. Die Bank aber kann aufgrund der Gesetzeslage diese Frau nicht aufgrund eines Kreditvertrages, den sie mit ihrem Mann hat, verklagen. Daher gehen Banken solche Kreditverträge nur ein, wenn die Frau als Bürge mit ins Boot geholt wird. Nun kann die Bank aufgrund der Bürgschaft das Geld von der Frau des Anwaltes verlangen.

Bei einer Bürgschaft ist aber auch die Motivation nicht ganz unwichtig. Dies ist immer dann der Fall, wenn der Kreditnehmer noch recht jung und die Bürgen dessen Eltern sind. Hier ist der Gedanke, dass die Eltern ihre Kinder schon tüchtig dazu drängen, ihren Kredit zu bedienen. Falls nicht, dann haben die älteren Herren und Damen dann schon eher das Geld, um den Kredit zu bezahlen. In jedem Fall aber ist es sehr viel einfacher, bei einer Bank über eine Bürgschaft an ihr Geld zu kommen, denn über eine Sicherheit.

Das dritte Kriterium ist die Bonität des Kreditnehmers. Die Bonität lässt sich über mehrere Wege feststellen. Am besten ist der Kreditnehmer jemand mit einem festen Arbeitsplatz. Diesen sollte er schon über Jahre hinweg innehaben und dort sollte er ein ordentliches Gehalt bekommen. Als Beweis dienen Gehaltsabrechnungen und Arbeitsverträge. Dazu kommen noch Informationen über die finanzielle Situation im Moment der Antragstellung. Hat der zukünftige Kreditnehmer schon eine Menge ausstehender Kredite oder Zahlungsverpflichtungen, befindet er sich tief in seinem Dispokredit? Hat er eine Vorgeschichte über eine laufende und unkontrollierte Verschuldung? Ein guter Kreditnehmer jedenfalls hat das nicht.

Kennt man diese drei Kriterien, dann ergeben sich die sicheren Kredite ganz von allein. Am besten und sichersten ist ein Kredit für eine Person mit einem guten Einkommen, mindestens einem Bürgen und einem Haus als Sicherheit. Hier kann man sein Geld guten Herzens und mit Vertrauen anlegen. Das Geld und die Zinsen kommen mit Sicherheit zurück.

Die Frage ist nun, findet man solche Klasse A+ Kreditnehmer auf P2P-Plattformen? Die Antwort ist ein klares NEIN.

Kreditnehmern auf P2P-Plattformen ist es nicht möglich, ein Haus oder etwas anderes als Sicherheit einzusetzen. Sie mögen es vielleicht wollen. Sie mögen diese Sicherheiten vielleicht sogar haben. Die Plattformen erlauben es jedoch nicht. Man sollte nicht vergessen, dass kein Vertrag zwischen dem Kreditgeber und Kreditnehmer geschlossen wird. Der Vertrag kommt zwischen der Plattform und dem Kreditgeber und zwischen der Plattform und dem Kreditnehmer zustande. Selbst dann, wenn ein Kreditnehmer in der Beschreibung seines Kreditwunsches einen Einsatz von Sicherheiten verspricht, wird diese Sicherheit nicht rechtswirksamer Bestandteil eines Vertrages. Bei einem Zahlungsausfall kann man sich also nicht darauf berufen.

Ebenso wenig wie eine Sicherheit kann ein Kreditnehmer einen Bürgen einsetzen. Der kleine Trick mit dem Überschreiben des Geldes an den Ehepartner kann also funktionieren. Gut, es gibt andere Gesetze, die das verhindern sollen. Das Problem ist jedoch, dass es die Plattform wahrscheinlich nicht so sehr kümmert und der Kreditgeber nicht einmal weiß, wer sein Kreditnehmer überhaupt in Wirklichkeit ist.

Dann bleibt da noch die Bonität. Doch auch hier sieht es finster aus. Während einige der Kreditnehmer wahrscheinlich eine gute Bonität haben, verfügen die meisten nicht darüber. Das ist kein Zufall. Die Werbung und die Versprechungen der Plattformen zielen nämlich genau auf die Gruppe der Kreditnehmer ohne ausreichende Bonität. Da werden Kredite für Personen versprochen, die über keine feste oder sichere Anstellung verfügen. Darunter sind neben den Studenten auch Unternehmen am Start, Leiharbeiter, Hartz-IV-Empfänger und Arbeiter in der Probezeit. Selbst vor der Anwerbung von „schwierigen Fällen", so die Bezeichnung auf den Plattformen, wird nicht zurückgeschreckt.

Gut, bloß weil jemand Leiharbeiter ist oder sich in der Probezeit befindet, ist er oder sie noch lange kein schlechter Mensch. Es ist auch durchaus wahrscheinlich, dass diese Person von der Probezeit in die Festanstellung wechselt oder vom Leiharbeiter zu einem Arbeiter mit unbefristetem Vertrag wird. Selbst ein Hartz-IV-Empfänger mag in der Lage sein, einen Kredit zu bedienen. Dies ist jedoch eine deutlich andere Wahrscheinlichkeit als bei den A+ Kandidaten.

Man muss sich dieses Wissen nun einfach nochmal vor Augen führen. Die P2P-Plattformen zielen konkret auf Fälle ohne ausreichende Bonität. Selbst eine negative Schufa-Auskunft, wie schon zuvor gesehen, verhindert nicht eine Kreditanfrage. Dazu kommt, dass die Warnfunktionen von Sicherheiten und die Sicherheit von Bürgschaften nicht gegeben sind. Dazu kommen weiterhin die unbekannte Identität und bei einigen Plattformen ein „sollte ehrlich"-Prinzip.

Ein anderer Vorteil von Banken ist der Eindruck, den sie machen. Schon allein der Gang zu einer Bankfiliale flößt Respekt ein, dazu kommt noch die Bereitstellung von Dokumenten, am besten im Original. Auf den P2P-Plattformen gibt es aber auch selbst diese Warnfunktion oft nicht. Der Kreditnehmer sitzt vor seinem Computer und im besten Fall scannt er die Dokumente ein. Im schlimmsten Fall soll er einfach nur mal eben ehrlich sein.

Wie sicher sind diese Kredite? Wahrscheinlich sind nicht alle Kreditnehmer schwarze Schafe. Wäre dem so, dann würde keine P2P-Plattform überleben. Dennoch handelt es sich bei den Krediten eben gerade um die Kandidaten, die von den Banken oftmals aus gutem Grund abgelehnt werden.

Nachdem all das in Erwägung gezogen wurde, offerieren zumindest manche der Plattformen eine Restkreditversicherung. Das klingt sicher und damit wird natürlich auch geworben. Die Versicherung soll dann einspringen, wenn der Kreditnehmer nicht zahlen kann. Da gibt es aber ein kleines Problem oder, um genauer zu sein, einige kleine Probleme.

Zum ersten muss die Restkreditversicherung überhaupt erst einmal greifen. Das tut sie schon mal dann nicht, wenn der

Kreditnehmer ein Selbstständiger ist. Als Arbeitnehmer muss er einen unbefristeten Arbeitsvertrag vorweisen und seit einiger Zeit in diesem Arbeitsverhältnis gearbeitet haben. Deutlicher gesagt, er muss ohne weiteres einen Kredit bei einer Bank bekommen können. Noch schlimmer gesagt, er darf nicht der Hauptzielgruppe der Kreditnehmer der P2P-Plattformen angehören. Zusätzlich muss ein Kreditnehmer eine solche Restkreditversicherung überhaupt abschließen. Dazu ist er keineswegs gezwungen. Schließt er sie jedoch ab, kostet ihn das bis zu 20 Prozent der Kreditsumme. Viele werden es sich da zweimal überlegen, ob sie eine solche Versicherung wollen. Die Kreditgeber haben auf diese Entscheidung keinen Einfluss.

Damit nicht genug. Hat ein Kreditnehmer einen Kredit bei einer Bank aufgenommen und kann diesen nicht bedienen, lassen sich mitunter Lösungen finden. Dies kann eine geringere Höhe der Raten bei einer längeren Rückzahlungsdauer sein oder aber eine kurzfristige Stundung. In beiden Fällen verdient die Bank mehr Zinsen und Gebühren. Eine Plattform kann das jedoch nicht. Auf den ersten Blick sollte es möglich sein, denn die Plattform oder deren Partnerbank hat einen Vertrag mit dem Kreditnehmer abgeschlossen. Wer einen Vertrag abschließt, kann ihn auch ändern. Dummerweise jedoch ist besagte Plattform auch gegenüber den Kreditgebern vertraglich verpflichtet. Da die Kredite in 25 € Noten ausgegeben werden, kann es sich um eine größere Anzahl von Kreditgebern pro Kreditnehmer handeln. Die Plattform ist jedem einzelnen gegenüber verpflichtet, den Kredit zu den ursprünglichen Konditionen einzutreiben und die Raten entsprechend verteilt weiterzuleiten. Eine Änderung der Raten oder Laufzeit beziehungsweise eine Stundung ist unter diesen

Umständen nicht möglich. So führt jeder noch so kleine Verzug zu einer Kündigung des Kredites mit all den juristischen Folgen und Umständlichkeiten. Für den Kreditgeber bedeutet das, zu warten, bis alles abgesichert, eingetrieben und zwangsversteigert ist und für den Kreditnehmer bedeutet das eventuell den Bankrott.

Eine Sache wäre da noch. Wenn man sein Geld auf eine Bank bringt und die Bank sich verspekuliert und Pleite geht, sind die Spareinlagen der Privatbürger bis zu einer gewissen Höhe abgesichert. Man kann also auch dann noch sein Geld zurückbekommen, wenn die Bank das ihre und somit das eigene Geld bereits verloren hat. Das ist echte Sicherheit für den Kleinanleger. Für den kleinen Kreditgeber auf der P2P-Plattform jedoch ist das keine Hilfe. Der Einlagensicherungsfonds greift hier nicht, denn man hat sein Geld ja nicht als Spareinlage auf einer Bank deponiert, sondern als Anlage in einen Kredit investiert. Ein Zahlungsausfall schlägt also bis auf das eigene Vermögen durch.

Zusammengefasst lässt sich somit sagen, dass der einzelne Kredit keineswegs sicher ist. Neben Unehrlichkeiten, unzureichenden Überprüfungen und der gezielten Anwerbung unsicherer Kreditnehmer tritt die Unmöglichkeit von Sicherheiten, Bürgschaften und Anpassungen der Kredite in Fällen von weniger schwerwiegenden Problemen. Dazu kommen eine Einlagensicherung, die hier nicht hilft, und eine Restkreditversicherung, die oftmals nicht greift oder erst gar nicht abgeschlossen wird.

Warum sollte man in
P2P-Kredite investieren

P2P-Kredite sind gut für eine Investition, wenn sie klare Vorteile gegenüber anderen Investitionen bieten. Wenn Investitionen nur eine gefährliche Spielart des Finanzmarktes sind, sollte man sie nämlich besser meiden. Vor dieser Frage jedoch sollte man klären, warum eine Investition als solche überhaupt wichtig ist.

Investiert man sein Geld nicht und gibt es nicht aus, dann spart man es automatisch. Wer sein Geld auf sein Bankkonto oder daheim versteckt spart, verliert es jedoch über die Zeit hinweg. Während das Geld selbst zwar nicht abhandenkommt, so verliert es doch beständig an Wert. Um dem entgegenzuwirken, sollte man es arbeiten lassen, es also investieren. Der Punkt ist, dass das Geld Einnahmen bringen muss und die Einnahmen zumindest so hoch wie die Inflation sein müssen. Will man sein Geld vermehren, sollten die Einnahmen sogar höher als die Inflation ausfallen. Es lässt sich also feststellen, dass eine Investition als solche schon wichtig ist. Nun stellt sich die Frage, warum in P2P-Kredite?

Die Banken machen Geld, indem sie Geld verleihen. Wer Geld verleihen will, muss welches zum Verleihen haben. Das Geld bekommen die Banken entweder von den Kontoinhabern oder von der Zentralbank. Leihen sie es sich von der Zentralbank, müssen sie es zu einem bestimmten Zinssatz zurückzahlen. Dieser Zinssatz ist der sogenannte Leitzins. Ist der Leitzins hoch, dann ist das Geld von der Zentralbank teuer. Bankkunden, die ihr Geld in einem Sparkonto anlegen, sind dann billiger. Ist der Leitzins jedoch niedrig, dann braucht die Bank diese Sparkonten nicht. Sie setzen deren Zinsen dann auch niedrig an. Nun war es eine Politik der letzten Jahre, den Leitzins immer niedrig zu halten, damit die Unternehmen überleben können. Die Folge ist, dass die Banken auch die Zinsen für Spareinlagen niedrig halten. Ohne eine echte Rendite bringt es jedoch wenig, sein Geld bei einer Bank anzulegen.

Sparer brauchen eine Alternative. Eine Möglichkeit sind Immobilien. Eine Investition in Immobilien ist aber meistens aufwendig. Als erstes muss man genug Geld für eine Immobilie haben. Dann muss man die passende Immobilie finden. Diese muss gekauft, eingetragen und danach noch instandgehalten werden. Vielleicht will man die Immobilie noch vermieten, dann kommt noch mehr Aufwand auf einen zu. Dann sind da die Gefahren. Immobilienpreise können fallen. Manche Mieter sind richtig schlimm. Anstatt Miete zu zahlen, wirtschaften sie nur das Mietobjekt herunter. Einige der Immobilien sind wahre Schrottimmobilien. Man investiert eine Menge Zeit und Geld und verliert dann womöglich doch nur alles. Daher kommen Immobilien für viele nicht in Frage.

Eine andere Anlageform ist Gold. Aber auch hier gibt es Probleme über Probleme. Manchmal geht der Goldpreis explosionsartig nach oben, oft aber nicht. Gold bringt keine Zinsen. Gold muss man irgendwo lagern. Lässt man es in der Bank, bringt das nur noch weitere Kosten. Es ist daher unsicher, denn man kann kaum abschätzen, wie schnell man wie viel bekommt oder ob man nicht doch langsam damit verliert. Im Gegensatz zum Haus ist es jedoch weit sicherer.

Aktien und Fonds waren einige Zeit der Renner. Dank der

Finanzkrise weiß aber jeder, dass der Tag kommen wird, an dem die Kurse wieder fallen. Auch wenn es jeden Tag nur nach oben gehen mag, so ist das doch nur eine Blase. Hat man keine Nerven für dieses Spiel, dann sollte man die Finger davon lassen. Ohne die richtigen Nerven verkauft man die Aktien womöglich zu früh und macht nicht den vollen Gewinn. Vielleicht wartet man aber auch zu lange und verliert nach dem nächsten Crash dann richtig. Es ist eben doch im Wesentlichen ein Spekulationsobjekt. Dummerweise kann niemand so richtig vorhersagen, wann es wieder kracht.

Was viele wollen ist ein Ersatz der Sparguthaben. Sparguthaben sind nicht spekulativ. Eine Alternative, die sich ähnlich verhält, sind Bundesanleihen. Wie Sparguthaben oder Festgeldkonten bringen sie einen festen Zinssatz für eine festgelegte Zeit. Das Dumme ist nur, dass dieser Zinssatz recht niedrig ist.

Hier kommen die P2P-Kredite ins Spiel. Diese sind wie ein Festgeldkonto. Sie haben eine feste Laufzeit und sie haben einen festen Zinssatz. Man kann sie planen und braucht sie nicht zu verwalten. Die Plattformen und die Partnerbanken übernehmen all die Arbeit. Im Unterschied zu den Festgeldkonten und Sparguthaben bringen sie eine deutlich höhere Rendite. Das kommt daher, dass die Kosten der Plattformen weit geringer sind. Sie können ohne ein teures Netz an Filialen auskommen und brauchen nicht so viele Arbeitskräfte. Der Nachteil ist, dass der Anleger das Risiko eines Zahlungsausfalles trägt.

Die Vorteile der P2P-Kredite sind damit deutlich. Sie bringen eine höhere Rendite als die klassischen Spar- und Festgeldkonten und auch die Bundesanleihen. Sie sind planbarer als das Gold. Sie bedürfen keines großen Aufwandes wie eine Immobilie und haben ein weit geringeres Risiko.

Der Nachteil der P2P-Kredite, das Risiko eines Zahlungsausfalles, kann man einschränken. Nach einer Prüfung des Kreditwunsches durch die Plattformen erhalten die Kreditnehmer eine Risikoklasse. Je nach Risiko bekommen sie dann eine höhere oder niedrigere Zinsrate. Je nach Risikobereitschaft und Gewinnstreben kann man dann die höheren oder niedrigeren Risikoklassen bedienen. Einige Plattformen ermöglichen es sogar, die Zinsrate zu verhandeln. Will man mehr Geld, verlangt man mehr Zinsen. Das erhöht aber auch gleichzeitig die Chancen eines Zahlungsausfalles. Will man lieber sichergehen, setzt man die Zinsen niedriger an. Man kann mit P2P-Krediten also die Kontrolle über sein Geld behalten und selbst entscheiden, welches Risiko man eingeht, außerdem sind die Renditen höher. Das ist der wichtigste Grund, in sie zu investieren.

Wie investiert man erfolgreich
in P2P-Kredite

Eine Investition in P2P-Kredite möchte wohlüberlegt sein. Wie bereits festgestellt, sind diese Kredite nicht besonders sicher. Das gilt sowohl im Hinblick auf die finanzielle Leistungsfähigkeit des Kreditnehmers als auch im Hinblick auf die Absicherung, die nicht stattfindet oder Bürgschaften, die es nicht gibt. Hinzu kommt, dass man als Kreditgeber das Risiko eines Zahlungsausfalles selbst tragen muss. Man bindet sein Geld über Jahre hinweg und setzt dabei auf Vertrauen. Man vertraut der Plattform, man vertraut der eventuell eingeschalteten Partnerbank und man muss dem Kreditnehmer vertrauen. Dazu kommt, dass es unterschiedliche Anleger- und Kreditnehmertypen gibt. Die Kreditnehmer sind fast immer diejenigen, die bei Banken abgelehnt wurden oder mit einer Ablehnung rechnen mussten. Die Anleger sind oftmals aus dem Mittelstand und treten als Helfer, Jäger oder Gelegenheitsinvestoren auf. Alle jedoch haben etwas gemeinsam. Alle wollen mehr oder weniger Geld. Das schließt die Plattformen und Partnerbanken mit ein. Man sollte das niemals vergessen, wenn man sich für eine Anlage seines Geldes in P2P-Kredite interessiert.

Eine erfolgreiche Investition in P2P-Kredite beginnt bei der eigenen Person. Man sollte sich über einige Dinge über sich selbst, seiner eigenen Persönlichkeit und seinen eigenen Finanzen im Klaren sein. Als erstes sollte man wissen, welcher Typ Anleger man ist. Geht es um das Verdienen von Geld oder um das Helfen von Bedürftigen.

Will man eben nur ein wenig Geld machen oder soll es der große Gewinn sein, damit man nicht mehr arbeiten muss.

Ist man der Helfertyp, dann sollte man sich als erstes Grenzen setzen. Welcher Art Fälle möchte man Unterstützung bieten, wem soll das Geld mit welchem Gewinn zukommen? Als Helfertyp läuft man auch schon eher mal Gefahr, in eine Falle zu laufen. Ist man wirklich gewillt, ein solches Risiko auf sich zu nehmen? Kann man es seelisch verkraften, wenn einen andere womöglich ausnutzen?

Als der Jäger muss man sich ebenso Grenzen setzen. Da es hier auf das Geld ankommt, sollte man sich eine klare Strategie überlegen, wie man es möglichst rasch erreicht. Als erstes sollte man über einiges Geld verfügen. Selbst der riskanteste Einsatz bringt weniger als 10 Prozent Rendite. Wer also mit nur 100 € anfängt, wird damit bestimmt nicht reich. Man braucht auch ein Bild des idealen Kreditnehmers. Am besten ist jemand, der die Formulare nicht richtig ausgefüllt hat. Darum befindet er sich ein einer hohen Risikoklasse. Nun durchstöbere man diese Klasse und suche sich die Fälle, deren Beschreibung eine höhere Sicherheit als die eigentliche Risikoklasse vermuten lassen.

Der Gelegenheitsanleger sollte sich überlegen, wie viel Zeit und wie viel Geld er einzusetzen bereit ist. Für ihn geht es darum, nicht zu sehr zum Helfer oder zum Jäger zu werden.

Hat man sich nun über sich selbst ein Bild gemacht, gilt es seine finanzielle Lage zu beurteilen. Vermutlich hat man etwas angespart. Wer das nicht hat, der hat auch nichts zum Investieren. Nun sollte man sich überlegen, wie viel man davon zu verlieren bereit ist. Man sollte nur die Summe einsetzen, die man ohne Probleme verschmerzen kann. Es geht nicht nach dem Prinzip Augen zu und durch. Wer das will, kann es in Aktien probieren. Man setze sich die Grenzen, solange man noch einen klaren Kopf hat. Desweiteren sollte man sich ständig ermahnen, den eigenen Grenzen und Richtlinien zu folgen.

Kennt man nun sich selbst und hat man sich seine finanziellen Grenzen gesetzt, sucht man sich die richtige Plattform aus. Die Helfer sind am besten auf Plattformen beraten, die nicht so genau mit ihren Prüfungen sind. Dort lassen sich die wirklich Bedürftigen finden. Sucht man als Helfer aber nur das schüchterne Mütterchen, das sich und ihre Kinder ernähren will, findet man die bestimmt überall. Andere Fälle, wie Spielsucht und durch erfolglose Gewerbe verschuldet, sind mehr auf den „man sollte ehrlich sein"-Plattformen. Diese Personen kennen ihre Grenzen und wissen, wie man zu genauen Prüfungen aus dem Weg geht. Das unterstellt natürlich nicht automatisch irgendwelche bösen Absichten.

Die Jäger sollten sich nach den Seiten umsehen, die die höchsten Zinsen verlangen und an ihre Kreditgeber weitergeben. Nicht jeder Zinssatz, der angegeben wird, erreicht auch wirklich den Anleger. Oft genug werden davon erst noch die Gebühren der Plattform abgezogen. Für die Jäger ist es daher besonders wichtig, die Art der Gebührenzahlung, die Prozente und die Zahlungen auseinanderzuhalten und zu vergleichen. Sie sollten dort ihr Geld unterbringen, wo am meisten für sie herumkommt.

Die Gelegenheitsinvestoren wollen Geld, aber sind nicht nur auf den Nettogewinn aus. Sie mögen auch ein wenig helfen wollen und sie wollen vor allem ihr Geld auch wirklich zurück. Für sie sind die Plattformen interessant, die den Kreditnehmern die höchsten Hürden setzen. Das schreckt die schlechten Kandidaten ab und sorgt zumindest ein wenig für Sicherheit. Sie können sich auch darüber informieren, wie im Falle des Zahlungsverzuges vorgegangen wird. Bieten Plattformen irgendwelche Arten von Anpassungsmechanismen, erhöht das die Chancen einer erfolgreichen Rückzahlung.

Ist die richtige Plattform gefunden, geht es um die richtige Vorgehensweise. Die ist am einfachsten für die Helfer. Ihnen ist der Gewinn oder auch nur die Rückzahlung des Geldes weniger wichtig. Daher können sie sich ruhig auch mal verspekulieren. Für die Helfer ist es also nun an der Zeit, die Kreditwünsche durchzulesen. Wichtig ist, die Geschichten zu verstehen und auf Unstimmigkeiten zu durchleuchten. Man will ja helfen, aber man will sich nicht abzocken lassen. Unstimmigkeiten sind immer ein Anzeichen für Lügen. Daher gilt: Was einem nicht Geheuer vorkommt, darin sollte man nicht investieren. Ansonsten gilt es, nicht den selbst gesetzten Rahmen zu überschreiten und seinem Gefühl zu vertrauen. Zur eigenen Sicherheit sollte man jedoch nicht nur in ein Projekt investieren. Keine Bange, ist der Anfang erst einmal gemacht, finden sich schnell andere, die in das gleiche Projekt anlegen. Das kann mitunter innerhalb von nur wenigen Stunden geschehen.

Die Jäger sollten sich ähnlich der Helfer ebenfalls auf die Suche nach dem richtigen Projekt machen. Das Beste ist eine hohe Risikoklasse. Innerhalb dieser Klasse lohnen sich die Projekte, die gute Rückzahlungschancen aufweisen. Woran man die erkennt? Am besten handelt es sich um jemand, der kein Geld hat, aber bald welches bekommt. Dieser jemand sollte auch gewitzt sein und dadurch überzeugen. Wer hat kein Geld? Leute mit Schulden, Leute mit Schicksalsschlägen und Jungunternehmer. Wer bekommt bald Geld?

Erfolgreiche Jungunternehmer, besonders dann, wenn er gewitzt ist. Woran man dessen Schlauheit erkennt? Jemand mit Verstand kann sich ausdrücken. Je cleverer er ist, desto besser kann er sein Projekt, genauer gesagt, sein Unternehmen, beschreiben. Je nach Unternehmen kann man abschätzen, welche Gewinnchancen er hat. Je nach seiner Schlauheit kann man sehen, wie wahrscheinlich sein Erfolg ist. Je nach innerer Konsistenz seiner Ausführungen kann man sehen, ob er lügt, übertreibt oder einfach ehrlich ist. Dem ehrlichen Kreditnehmer mit klarem Verstand und der Idee mit guten Gewinnchancen, dem kann man sein Geld anvertrauen. Andere vertrauenswürdige Kandidaten sind Arbeitnehmer in der Probezeit. Die meisten Arbeitnehmer werden danach in die Festanstellung übernommen. Daher ist das Risiko hier weniger hoch. Nicht empfehlenswert sind befristete Arbeitsverhältnisse. Auch wenn einige davon verlängert werden, weiß man nie sicher, ob dies geschieht. Nach der dritten Verlängerung ist die Befristung von Rechts wegen nicht mehr möglich. Daher wird danach entweder nicht mehr verlängert oder ein unbefristeter Vertrag beginnt. Das ist eine fifty-fifty-Chance. Ein Risiko von 50 Prozent ist ein sehr hohes Risiko.

Für den Gelegenheitsanleger lohnt sich eine zweigeteilte Vorgehensweise. Da sich die P2P-Kredite hier nur als eine weitere Anlageform verhalten, es also keineswegs auf die soziale Komponente oder den höchstmöglichen Gewinn ankommt, kann der Gelegenheitsanleger mal selbst das Geld verteilen und mal den Portfoliobuilder die Arbeit machen lassen. Den Portfoliobuilder setzt man dabei am besten auf die niedrigste oder die zwei niedrigsten Risikoklassen. Man sollte ihm aber nicht alles Geld anvertrauen. Mit ein wenig Stöbern findet man bestimmt das eine oder andere besondere Projekt. Für das sollte man sich ein wenig Geld zurückbehalten, damit man es selbst in ein solches, besonderes Projekt stecken kann. Als besondere Projekte kann man sich in den sicheren Gefilden der unteren Risikoklassen umsehen oder auch mal etwas wagen und die höheren Risikokredite besuchen.

Neben den besonderen Vorgehensweisen, je nach Anlegertyp, gibt es noch einige generelle Regeln zu beachten. Die erste Regel ist, dass man nicht allen Geschichten trauen sollte. Als zweite Regel gilt, dass man nie seine selbstgesteckten Grenzen vergisst. Besonders in finanzieller Hinsicht bringt es nichts, sein ganzes Vermögen zu investieren, nur um dann mit einem halben Vermögen dazustehen.

Weiterhin bleibt zu bedenken, dass man sein Geld für einige Jahre bindet. Selbst wenn alles gut geht, alles Geld und alle Zinsen gezahlt werden, sieht man doch sein Geld eben erst sehr viel später wieder. Bei einer Bank ist es mitunter möglich, Sparverträge vorzeitig zu kündigen. Man macht dabei vielleicht einen Verlust, aber man bekommt seine Finanzmittel wieder zur Verfügung gestellt. Man kann also auf Eventualitäten reagieren. Bei einem P2P-Kredit jedoch kann nur der Kreditnehmer eine vorzeitige Rückzahlung in die Wege leiten. Kreditgebern ist das nicht möglich. Man sollte also zumindest so viel zurückbehalten, dass man selbst nicht später um einen Kredit bitten muss.

Apropos vorzeitige Rückzahlung. Dies ist ein Punkt, über den man sich genau informieren sollte, wenn man Gewinnabsichten hat. Rückzahlungen beenden den Kreditvertrag frühzeitig und verringern damit die Zinszahlungen, sprich, den Gewinn des Anlegers. Je mehr man Gewinn machen möchte, desto mehr muss man sichergehen, dass das nicht passiert. Dazu bieten die Plattformen unterschiedliche Regeln. Einige erlauben keine vorzeitigen Rückzahlungen, andere verlangen eine Gebühr und wieder andere erlauben dies gebührenfrei. Für die Jäger, und im geringeren Sinn für die Gelegenheitsanleger, lohnen sich die Plattformen mehr, die solchen Rückzahlungen einen Riegel vorschieben oder aber sie mittels besonderer Gebühren unattraktiv machen.

Eine weitere, allgemeine Regel, die überall offen diskutiert wird, ist das Streuen der Investition. Das ist natürlich richtig. Der Grundgedanke ist, sich in jedem Kredit mit nur einer Note von 25 € zu bedienen. Das ist für die Helfer vielleicht weniger wichtig, sollte aber auch von ihnen beherzigt werden. Für die Jäger erschwert es die Suche, denn sie müssen viele gute Kredite finden. Dennoch, immer nur 25 € pro Kredit ist gut. Dann verliert man im Falle eines Zahlungsausfalles nur eben diese 25 €. Die empfohlene Streuung variiert, je nachdem, wer dazu rät. Die Plattformen empfehlen mindestens 100 Kredite, auf die man sein Geld verteilen sollte. Andere gehen soweit, mindestens 200 zu verlangen. Im Grunde genommen ist es jedoch weniger wichtig, wie viele man wirklich bedient, solange es eben nur 25 € pro Kredit sind. Für Jäger kann es aber auch manchmal interessant sein, alles auf eine Karte zu setzen. Doch sei hier zur Vorsicht geraten. Wenn es gut geht, ist der Gewinn vielleicht 8 Prozent, wenn es schiefgeht, liegt der Verlust jedoch bei 100 Prozent.

Der Portfoliobuilder, der auf den Plattformen zur Verfügung steht, sollte nur mit Vorsicht genutzt werden. Er folgt einem internen Algorithmus, der manchmal schwer zu durchschauen ist.

Typischerweise kann man ihn auf eine Risikoklasse einstellen und das Geld eingrenzen, dass er zur Verfügung hat. Meistens wird dann der Portfoliobuilder auf die Kredite gehen, die der Risikoklasse entsprechen und zumindest schon von einigen anderen Kreditgebern bedient wurden. Das Ziel ist, diese Kredite über den Portfoliobuilder mehrerer Kreditgeber aufzufüllen, so dass die Auszahlung vonstattengehen und die Rückzahlung beginnen kann. Der Portfoliobuilder verfolgt also weniger den eigenen Interessen, sondern mehr denen der Plattform nach schnellen Abschlüssen. Für Gelegenheitsanleger ist das gut genug. Zumindest hat schon jemand diesem Kreditnehmer vertraut und man braucht nicht lange nach gut bedienten Kreditanfragen zu suchen.

Bleibt am Ende noch die Plattform selbst zu betrachten. Wenn man sich auf ein P2P-Kreditgeschäft einlässt, erfolgt alles über eine Plattform und mitunter mit einer Partnerbank. Verschwindet diese Plattform schnell, steht man ebenso schnell im Regen. Es gibt zwar Gesetze, die einen schützen, doch wenn der andere weg ist, dann ist er eben weg. Dabei gehen die Kreditverträge oft über Jahre. Man sollte also bei der Auswahl der Plattform auch ein Auge auf deren Vertrauenswürdigkeit haben. Je länger eine Plattform im Geschäft ist, desto unwahrscheinlicher ist es, dass sie über Nacht verschwindet. Dazu kann man sich auch Kundenbewertungen auf anderen Seiten im Internet, nicht auf der Seite der jeweiligen Plattform, ansehen. Weiterhin sollte der Firmensitz der Plattform in Deutschland sein. Je mehr sich im eigenen Land befindet, desto mehr muss diese Bank auf die Gesetze achten, denn desto leichter kann man sie im Falle von Fehlern rechtlich verfolgen.

Insgesamt gesehen sollte man für ein erfolgreiches Investieren in P2P-Kredite seinem eigenen Typ folgen. Als Helfer sollten die Voraussetzungen für Kreditnehmer gering sein, damit die wirklich hilfsbedürftigen Fälle auch zugelassen werden. Als Jäger sollten die Zinsen, die an den Kreditgeber weitergereicht werden, möglichst hoch sein. Als Gelegenheitsanleger sollten die Kreditnehmer wirklich hart geprüft werden, damit man eher sichere Anlagen hat. Dann gilt es entsprechend seinem Ziel die Kreditnehmer auszuwählen. Der Plattform sollte man vertrauen können und sein Portfolio sollte man möglichst kräftig streuen. Beherzigt man all dies, sehen die Gewinnchancen nicht schlecht aus.

Welche Fehler sollte man vermeiden

Fasst man alles zusammen, was bis hier vorgebracht wurde, dann erhält man ein klares Bild von P2P-Krediten. Sie bieten höhere Renditen mit einer sozialen Komponente im Gegenzug für ein höheres Risiko, das man aber in der Höhe und den Auswirkungen beeinflussen kann. Daraus ergibt sich auch schon ganz schnell, welche Fehler man vermeiden sollte. Eine Investition in P2P-Kredite ist ein Risiko. Dieses kann man nur begrenzen, indem man nicht die Kontrolle verliert.

Bevor man mit der Investition anfängt, sollte man sich überlegen, wie viel Verlust man verkraften kann. Niemals sollte man mehr als diese Summe investieren. Während man dabei ist, die verschiedenen Kreditwünsche zu lesen, kann man das jedoch leicht vergessen. Man kennt das schon bei Ebay. Man setzt sich eine Grenze, man bietet und dann wird man überboten. Was passiert? Die meisten Leute legen nach. Das aber gilt es bei P2P-Krediten zu vermeiden. Es gibt davon viele. Die Summe des Geldes ist hoch und es ist kein Spiel. Man kann nicht einfach einen gespeicherten Spielstand laden und hat sein Geld zurück. Hat man sich auf ein Projekt festgelegt und geht etwas schief, dann ist das Geld weg. Vor dem Investieren hat man einen kühlen Kopf, währenddessen kann man ihn jedoch leicht verlieren. Darum noch einmal, man setze sich die Grenze zuvor und halte sie dann ein.

Ein anderer Fehler ist, einfach drauflos zu investieren. So wie man über sich selbst die Kontrolle nicht verlieren sollte, so sollte man auch nicht die Kontrolle über die Investitionen verlieren. Der

Portfoliobuilder ist mitunter ganz gut, doch man sollte nicht nur ihm vertrauen. Portfoliobuilder sind Computerprogramme. Als solche gehen sie strikt nach den eingestellten Kriterien vor. Sie mögen schnell die Kredite finden, die schon gut bedient sind und dann nur noch einige wenige Investoren mehr benötigen. Das ist gut. Dadurch verzettelt man sich nicht auf Kreditprojekte, die nie komplett bedient werden und dann verfallen. Es gibt aber auch eine negative Seite. Portfoliobuilder werden nie die Beschreibungen verstehen. Die Beschreibungen sagen jedoch viel über den Kreditnehmer und dessen Glaubwürdigkeit aus. Mit einem Portfoliobuilder kann man dann schnell auf einem Projekt landen, in das man bewusst nie investieren würde. Auf der anderen Seite kann ein Portfoliobuilder die richtig gute Gelegenheit leicht übersehen. Nochmal, man „spielt" mit echtem Geld. Trifft der Portfoliobuilder eine falsche Entscheidung, dann ist man mitunter jahrelang daran gebunden, inklusive möglicher Verluste.

Ein weiterer Fehler ist, sich immer nur in einer Risikoklasse umzuschauen. Es ist verständlich, dass jemand immer auf Nummer sicher gehen möchte oder immer nach dem höchsten Zinssatz strebt. Ersteres jedoch bedeutet, dass man damit potentielles Geld verschenkt. Niedrige Risiken bedeuten niedrige Zinssätze. Viele der höheren Risiken bieten jedoch auch gute Rückzahlungswahrscheinlichkeiten. Man muss sich nur die Mühe machen, sie zu finden. Immer nur in den hohen Risikoklassen zu schauen, birgt dagegen oft ein zu hohes Risiko. Die meisten der Kreditnehmer in den hohen Risikoklassen befinden sich dort nämlich zu Recht. Sie sind wirklich nicht unbedingt in der Lage, den Kredit zu bedienen. Geht man also zu viel Risiko ein, kann es sich auch zu oft materialisieren.

Um die wirklich guten Kreditprojekte zu finden, geht es nicht anders, als die Beschreibungen zu lesen. Die Kreditnehmer stellen sich und ihre Wünsche darin vor. Manche von ihnen erzählen jedoch nicht unbedingt immer die Wahrheit. Anstatt also alles zu glauben, ist es mitunter besser, ein wenig misstrauisch zu sein. Man lese die Beschreibungen und Behauptungen genau durch. Man frage sich dabei, ob das alles wirklich Sinn macht. Unwahre Behauptungen kann man so schon recht schnell finden.

Hat man ein Projekt gefunden, das sich gut anhört und in das man investieren will, sollte man keineswegs zu viele Noten davon kaufen. Auch wenn sich ein Projekt gut anhört, auch wenn das eigene Gefühl einem dazu rät, dennoch bleibt ein echtes Risiko bestehen. Das ist sogar dann der Fall, wenn sich das Projekt in einer niedrigen Risikoklasse befindet. Man weiß schließlich nie, was noch kommt. Selbst etwas so simples wie ein Verkehrsunfall in der Familie des Kreditnehmers kann diesen auch ohne Verschulden oder böse Absicht unfähig machen, den Kredit zu bedienen. Es geht eben um echte Menschen im echten Leben mit echtem Geld. Daher, mit allen guten Absichten und allem Vertrauen, es ist einfach zu gefährlich, alle Eier in einen Korb oder alle Euro in einen Kredit zu stecken.

Fazit

P2P-Kredite sind keineswegs eine Erscheinung der heutigen Zeit. Sie haben sich über die Jahrhunderte hinweg bewährt, haben ein Bankensystem hervorgebracht und können sich neben diesen einfach nur wieder erneut etablieren. Wie so manche andere Erscheinung im Internet sind einige am Anfang skeptisch, doch das Prinzip überlebt.

Die gute Nachricht ist, dass das System sich entwickelt hat und funktioniert. Es mag Fehler haben, es mag schwarze Schafe geben, doch alles in allem haben P2P-Kredite eine erfolgreiche Geschichte über die Jahrhunderte erlebt.

P2P-Kredite folgen einer klaren Regel in der Finanzwelt: Je höher das Risiko, desto höher der Profit. Die Profite in den P2P-Krediten sind höher als bei den Banken. Das Risiko ist es auch, aber so wie die Rendite nur etwas höher ist, so ist auch das Risiko nur etwas höher, jedenfalls dann, wenn man es richtig macht. Der größte Vorteil ist, dass man selbst die Kontrolle behält. Eine Bank schließt Kreditverträge ab, ohne dass die Kontoinhaber dies beeinflussen können. Die Kreditgeber auf den P2P-Plattformen suchen sich die Kreditnehmer und deren Risikoklasse selbst aus. So können sie die ganze Zeit darüber entscheiden, ob es mehr auf das große Geld oder das kleine Risiko ankommen soll.

Um erfolgreich zu investieren, sollte man nicht zu zaghaft und nicht zu gewagt vorgehen. Zu zaghaftes Vorgehen verringert die Höhe des Gewinnes, denn sichere Kredite haben nur niedrige Zinsraten. Zu gewagtes Vorgehen hat Aussichten auf hohe Zinsen, aber dank des hohen Risikos kann der Gewinn leicht verloren gehen. Portfoliobuilder sind eine gute Hilfe, wenn man sie in Maßen einsetzt.

Auf der anderen Seite gilt es, die gröbsten Fehler zu vermeiden. Man sollte sein Geld nicht nur in einen Kredit stecken. Je mehr man streut, desto sicherer ist das Geschäft. Man sollte nicht allen Geschichten und Behauptungen in den Kreditbeschreibungen glauben. Gute Investoren sind misstrauisch. Schlussendlich sollte man niemals mehr investieren, als man zu verlieren bereit ist.

Beherzigt man all dies, dann sind P2P-Kredite nicht unsicherer als Aktien oder Immobilien, ja, sie sind oft sogar sicherer, denn die Chancen für Verluste sind dank Streuung geringer. Mit einem umsichtigen Vorgehen kann man damit gutes Geld verdienen und sogar auch noch ein wenig helfen.